浙江省公路工程造价文件编审标准化指南

浙江省交通工程管理中心　组织编写

人民交通出版社
北　京

图书在版编目(CIP)数据

浙江省公路工程造价文件编审标准化指南 / 浙江省交通工程管理中心组织编写. — 北京 : 人民交通出版社股份有限公司, 2025. 4. — ISBN 978-7-114-20322-0

Ⅰ. U415.13-62

中国国家版本馆 CIP 数据核字第 2025Z057S0 号

Zhejiang Sheng Gonglu Gongcheng Zaojia Wenjian Bianshen Biaozhunhua Zhinan

书　　名: **浙江省公路工程造价文件编审标准化指南**
著 作 者: 浙江省交通工程管理中心
责任编辑: 黎小东　朱伟康
责任校对: 赵媛媛
责任印制: 张　凯
出版发行: 人民交通出版社
地　　址: (100011)北京市朝阳区安定门外外馆斜街 3 号
网　　址: http://www.ccpcl.com.cn
销售电话: (010)85285857
总 经 销: 人民交通出版社发行部
经　　销: 各地新华书店
印　　刷: 北京市密东印刷有限公司
开　　本: 880×1230　1/16
印　　张: 12.75
字　　数: 377 千
版　　次: 2025 年 4 月　第 1 版
印　　次: 2025 年 4 月　第 1 次印刷
书　　号: ISBN 978-7-114-20322-0
定　　价: 100.00 元
(有印刷、装订质量问题的图书,由本社负责调换)

《浙江省公路工程造价文件编审标准化指南》

编写委员会

主编单位：浙江省交通工程管理中心

参编单位：浙江远大工程咨询有限公司

珠海纵横创新软件有限公司

主　　编：涂荣辉

副 主 编：封　露　陈　帅　秦英庆

编写人员：徐慧霞　陈振宇　何　翔　黄　俊　王东妹

孟林涛　王　鸯　章　涛　陈叶根　俞跃海

郑苗东　苗　成　谭玉堂　卢　顺　林元钊

孙　尧　许仙萍　李盖盖

前　言

为深入贯彻落实《交通强国建设纲要》《国家综合立体交通网规划纲要》精神，推动交通基础设施建设高质量发展，构建现代化工程管理体系。浙江交通结合数字化转型，打造全过程阳光造价管理体系，统筹组织编制《浙江省公路工程造价文件编审标准化指南》。指南以“标准化筑基、数字化赋能、阳光化提质”为主线，在构建“全链条贯通、全要素协同、全周期可控”的公路工程造价管理体系上迈出关键一步，为实现全过程阳光造价管理奠定了基础。

本指南规范前期阶段、实施阶段与竣(交)工阶段造价文件编制要求和成果文件格式，由5章和7个附录组成，包含一般规定、前期阶段造价文件编制要求、实施阶段造价文件编制要求、竣(交)工阶段造价文件编制要求、造价文件审查、备案要求和估(概、预)算及咨询文件、工程量清单预算文件、计量与支付文件、工程变更费用及咨询文件、造价管理台账、工程结算文件、竣工决算文件等公路工程造价文件标准化表式。

本指南的管理权归属、日常解释和管理工作由浙江省交通工程管理中心负责。为了提高本指南质量，请各单位在执行中注意总结经验，将发现的问题和意见及时反馈到浙江省交通工程管理中心(地址：浙江省杭州市拱墅区湖墅南路186-1号美达丽阳国际大厦15F，邮政编码：310000)，以便修订时研用。

浙江省交通工程管理中心

2025年3月

目　　录

1　一般规定

1.1　各阶段造价文件编制和审查应坚持依法合规、实事求是、合理控制的原则，确保成果的合法性、完整性、准确性，并应符合相应设计文件的工作深度和管理要求。

1.2　各阶段造价文件编制要求和成果文件按现行《公路工程建设项目造价文件管理导则》（JTG 3810）、《公路工程建设项目投资估算编制办法》（JTG 3820）、《公路工程建设项目概算预算编制办法》（JTG 3830）、《交通建设工程工程量清单计价规范　第1部分：公路工程》（DB33/T 628.1），以及《公路工程建设项目工程决算编制办法》（交公路发〔2004〕507号）等的规定，结合《浙江省公路工程全过程阳光造价管理工作指引（试行）》（浙交〔2025〕5号）（以下简称“指引”）的要求进行补充和细化。

1.3　各阶段造价文件编制和审查应依据国家和省市颁布的编制办法、定额、指标、计价规范和有关规定，并结合指引要求进行编制。

1.4　各阶段造价文件成果表格应根据审查和报送要求提供，附录中的成果表格不得擅自更改，若附录中的成果表格无法满足管理需求，可自行新增相应表格。

1.5　本指南附录中设计概算咨询报告、施工图预算咨询报告、造价执行情况报告为参考模板，实际编制时可在此基础上进行细化和补充。

2　前期阶段造价文件编制要求

2.1　投资估算文件

2.1.1　投资估算应根据项目的设计文件，全面了解工程所在地建设条件，掌握各项基础资料，按照现行《公路工程建设项目投资估算编制办法》（JTG 3820）并结合指引的要求进行编制。

2.1.2　投资估算文件编制报送文件具体有：

（1）封面、扉页、目录、甲组文件、乙组文件（如需要），标准化表式见表2.1.2。

投资估算文件标准化表式　　表2.1.2

序号	报表编号	文件组成	文件样式	页码
1		**封面、扉页、目录**		19～23
2		**编制说明**		
3		**甲组文件**	附录1	
3.1	总00表	主要技术经济指标汇总表		25～29
3.2	总01-1表	总估算汇总表		30
3.3	总02表	人工、材料、设备、机械的数量、单价汇总表		32
3.4	00表	主要技术经济指标表		33～37
3.5	01表	总估算表		38
3.6	02表	人工、材料、设备、机械的数量、单价表		39
3.7	03表	建筑安装工程费计算表		40

续上表

序号	报表编号	文件组成	文件样式	页码
3.8	04 表	综合费率计算表		41
3.9	04-1 表	综合费计算表		42
3.10	05 表	设备费计算表		43
3.11	06 表	专项费用计算表		44
3.12	07 表	土地使用及拆迁补偿费计算表		45
3.13	07-1 表	土地使用费计算表		46
3.14	08 表	工程建设其他费计算表		47
4		**乙组文件(如需要)**	附录 1	
4.1	21-1 表	分项工程估算计算数据表		48
4.2	21-2 表	分项工程估算表		49
4.3	22 表	材料预算单价计算表		50
4.4	23-1 表	自采材料料场价格计算表		51
4.5	23-2 表	材料自办运输单位运费计算表		52
4.6	24 表	施工机械台班单价计算表		53
4.7	25 表	辅助生产人工、材料、施工机械台班单位数量表		54
5		**辅助资料**	其他资料	
6		**电子文件**	软件格式和 XML 格式	

(2)编制说明,具体应包括下列内容:

①项目概况。

②编制范围。

③编制依据。包括投资估算编制所依据的项目建议书或工程可行性研究报告,与造价确定有关的委托书、协议书、会议纪要,所采用的造价依据、计价信息以及其他依据性资料等。

④编制原则。包括工程量计算,估算指标、定额及费用标准,人工、材料、机械台班单价的取定原则,征地拆迁补偿费用计列依据,主要定额调整原因等。

⑤编制结果。包括投资估算总金额,人工、钢材、水泥、沥青、地材等主要资源的总消耗量情况,主要设计方案的经济比选结果(如有)等。

⑥辅助资料。指与项目构成有关但未能在说明、表格中反映的计价资料,包括但不限于:建筑安装工程单项指标及费用计列依据、项目前期工作费用计列依据、专项评估费用计列依据、项目相关合同(或协议)、新增费用组成分析、新增或特殊材料、设备单价确定依据等。

⑦采用的造价软件名称及版本号。

⑧其他需要说明的事项。

(3)投资估算文件的成果交付还应包括全过程阳光造价管理文件报送要求中的其他报送文件。

2.1.3 投资估算咨询文件(如有)可参考下列要求编制:

(1)封面、扉页、目录、审价对比表,标准化表式见表 2.1.3。

投资估算咨询文件标准化表式 表 2.1.3

序号	报表编号	文件组成	文件样式	页码
1		**估算咨询文件(如有)**	附录 1	
1.1		封面、扉页、目录		19 ~ 23

续上表

序号	报表编号	文件组成	文件样式	页码
1.2		咨询意见	可参考概算预算咨询文件格式	55～65
1.3	咨01表	总估(概、预)算咨询对比表		66
1.4	咨02表	估(概、预)算咨询对照表		67
1.5	咨03表	主要材料价格调整对照表		68
1.6	咨04表	主要材料数量对照表		69
1.7	咨05表	总估(概、预)算表		70
2		**辅助资料**	其他资料	
3		**电子文件**	软件格式和XML格式	

(2)咨询意见可参考下列内容编制:

①编制报告的完整性,编制格式的规范性。

②指标或定额和计价依据选择的符合性。

③计价工程数量摘取的正确性。

④指标或定额套用和调整,费率标准,人工、材料、设备、机械台班单价的采用,征地拆迁费用标准,其他费用取费基数及费率取定的准确性。

⑤技术经济指标的合理性。

⑥造价对比分析情况。

⑦附件资料的完整性。

2.2 概算预算文件

2.2.1 概算预算文件编制应符合初步(技术)设计阶段和施工图设计阶段的工作深度和管理要求,全面了解工程所在地建设条件,依据合理的施工组织方案,掌握各项基础资料,按照现行《公路工程建设项目概算预算编制办法》(JTG 3830)并结合指引的要求进行编制。

2.2.2 概算预算编制报送文件具体有:

(1)封面、扉页、目录、甲组文件、乙组文件(如需要),标准化表式见表2.2.2。

概算预算文件标准化表式 表2.2.2

序号	报表编号	文件组成	文件样式	页码
1		**封面、扉页、目录**		19～23
2		**编制说明**		
3		**甲组文件**	附录1	
3.1	总00表	主要技术经济指标汇总表		25～29
3.2	总01-1表	总概(预)算汇总表		30
3.3	总01-2表	标准费用项目前后阶段对比表		31
3.4	总02表	人工、材料、设备、机械的数量、单价汇总表		32
3.5	00表	主要技术经济指标表		33～37
3.6	01表	总概(预)算表		38
3.7	02表	人工、材料、设备、机械的数量、单价表		39

续上表

序号	报表编号	文件组成	文件样式	页码
3.8	03 表	建筑安装工程费计算表		40
3.9	04 表	综合费率计算表		41
3.10	04-1 表	综合费计算表		42
3.11	05 表	设备费计算表		43
3.12	06 表	专项费用计算表		44
3.13	07 表	土地使用及拆迁补偿费计算表		45
3.14	07-1 表	土地使用费计算表		46
3.15	08 表	工程建设其他费计算表		47
4		**乙组文件(如需要)**	附录 1	
4.1	21-1 表	分项工程概(预)算计算数据表		48
4.2	21-2 表	分项工程概(预)算表		49
4.3	22 表	材料预算单价计算表		50
4.4	23-1 表	自采材料料场价格计算表		51
4.5	23-2 表	材料自办运输单位运费计算表		52
4.6	24 表	施工机械台班单价计算表		53
4.7	25 表	辅助生产人工、材料、施工机械台班单位数量表		54
5		**辅助资料**	其他资料	
6		**电子文件**	软件格式和 XML 格式	

(2)编制说明,具体应包括下列内容:

①项目概况。

②编制范围。

③编制依据。包括概算预算编制所依据的初步设计文件、施工图设计文件,与造价确定有关的委托书、协议书、会议纪要,所采用的定额、费用标准等计价依据,人工、材料、机械台班单价等价格依据,以及其他依据性资料等。

④编制原则。包括工程量计算,定额、费用标准,人工、材料、机械台班单价的取定原则,大临设施费用方案、土石方利用率计算表及加工单价、无价材料和计算项的费用说明、征地拆迁取值依据及标准,主要定额调整原因等。

⑤编制结果。包括概算预算总金额,人工、钢材、水泥、沥青、砂石地材等主要资源的总消耗量情况,主要设计方案的技术经济比选结果等。

⑥与前一阶段(投资估算、设计概算)造价的主要技术经济指标、主要工程量、土地使用及拆迁补偿变化的对比情况。

⑦辅助资料。指除编制说明中提及的编制依据、计价规定外,与项目构成有关但未能在说明、表格中反映的计价资料,包括但不限于:建筑安装工程单项指标及费用计列依据、项目前期工作费用计列依据、专项评估费用计列依据、项目相关合同(或协议)、新增费用组成分析、新增或特殊材料、设备单价确定依据等。

⑧采用的造价软件名称及版本号。

⑨其他需要说明的事项。

(3)建设单位应提供对概算预算内审意见。内审意见主要包括对推荐方案、设计工程量及造价费用的意见。

(4)概算预算的成果交付还应包括全过程阳光造价管理文件要求中的其他报送文件。

2.2.3 概算预算咨询文件(如有)可参考下列要求编制:

(1)封面、扉页、目录、咨询对比表,标准化表式见表2.2.3。

概算预算咨询文件标准化表式 表2.2.3

序号	报表编号	文件组成	文件样式	页码
1		**概算预算咨询文件(如有)**	附录1	
1.1		封面、扉页、目录		19~23
1.2		咨询意见		55~65
1.2.1		初步设计概算专项咨询报告	可参考附录编制	55~59
1.2.2		施工图预算专项咨询报告	可参考附录编制	61~65
1.3	咨01表	总估(概、预)算咨询对比表		66
1.4	咨02表	估(概、预)算咨询对照表		67
1.5	咨03表	主要材料价格调整对照表		68
1.6	咨04表	主要材料数量对照表		69
1.7	咨05表	总估(概、预)算表		70
2		**辅助资料**	其他资料	
3		**电子文件**	软件格式和XML格式	

(2)咨询意见可参考下列内容编制:

①编制报告的完整性,编制格式的规范性。

②定额和计价依据选择的符合性。

③计价工程数量摘取的正确性。

④定额套用和调整,费率标准,人工、材料、设备、机械台班单价的采用,征地拆迁费用标准,其他费用取费基数及费率取定的准确性。

⑤大临设施费用方案、土石方利用率计算表及加工单价、无价材料和计算项的费用合理性。

⑥技术经济指标的合理性。

⑦造价对比分析情况。

⑧附件资料的完整性。

3 实施阶段造价文件编制要求

3.1 工程量清单预算

3.1.1 工程量清单预算依据施工图设计文件,综合考虑项目所在地的人工、材料、机械等要素的市场价格水平、施工现场实际情况,拟建项目合理的施工组织设计等因素,科学合理地确定费用。工程量清单子目编码按照现行《交通建设工程工程量清单计价规范 第1部分:公路工程》(DB33/T 628.1)的要求,并结合指引规定进行编制。

3.1.2 工程量清单预算按分项清单编码格式文件要求进行编制,具体要求详见《浙江省公路工程全过程造价编码标准化指南》。

3.1.3　同一工程项目分批次进行招标时，不同批次之间的工程量清单预算水平应基本一致，确保工程量清单预算技术经济指标的均衡性和匹配性。工程量清单预算应依据当次招标范围对应的批复概算或预算进行控制和对比分析，分批次招标项目需累计项目已完成工程量清单预算与批复概算或预算进行对比分析；整个项目招标完成后，应汇总各标段工程量清单预算与批复概算或预算进行整体对比分析，确保造价可控。工程量清单预算与批复概算或预算造价对比分析按分项清单编码格式文件要求进行编制。

3.1.4　工程量清单预算编制报送文件具体有：

(1)封面、扉页、目录、工程量清单预算表格文件，标准化表式见表3.1.4。

工程量清单预算文件标准化表式　　表3.1.4

<table>
<tr><th>序号</th><th>报表编号</th><th>文件组成</th><th>文件样式</th><th>页码</th></tr>
<tr><td>1</td><td></td><td>封面、扉页、目录</td><td></td><td>71～75</td></tr>
<tr><td>2</td><td></td><td>编制说明</td><td></td><td></td></tr>
<tr><td>3</td><td></td><td>工程量清单预算表格文件</td><td>附录2</td><td></td></tr>
<tr><td>3.1</td><td>清单表2</td><td>工程量清单汇总表</td><td></td><td>77</td></tr>
<tr><td>3.2</td><td>清单表3</td><td>工程量清单表</td><td></td><td>77</td></tr>
<tr><td>3.3</td><td>清单表4～7</td><td>计日工表</td><td></td><td>77～79</td></tr>
<tr><td>3.4</td><td>清单表8～10</td><td>暂估价表</td><td></td><td>79</td></tr>
<tr><td>3.5</td><td>清单表11</td><td>工程量清单单价分析表</td><td></td><td>80</td></tr>
<tr><td>3.6</td><td>清单表12</td><td>分项工程量清单表</td><td></td><td>81</td></tr>
<tr><td>3.7</td><td>清单表13</td><td>标段划分与批复概算对应关系表</td><td></td><td>82</td></tr>
<tr><td>3.8</td><td>清单表14</td><td>工程量清单各标段汇总表</td><td></td><td>83</td></tr>
<tr><td>3.9</td><td>02表</td><td>人工、材料、设备、机械的数量、单价汇总表</td><td rowspan="2">参照概算预算表</td><td>39</td></tr>
<tr><td>3.10</td><td>04表</td><td>综合费率计算表</td><td>41</td></tr>
<tr><td>4</td><td></td><td>辅助资料</td><td>其他资料</td><td></td></tr>
<tr><td>5</td><td></td><td>电子文件</td><td>软件格式和XML格式</td><td></td></tr>
</table>

(2)编制说明，具体应包括下列内容：

①项目概况。

②编制范围。按招标文件约定的招标范围。

③编制依据。包括工程量清单预算编制所依据的施工图设计文件，招标文件及其补遗文件，行业主管部门备案意见等有关文件，与造价确定有关的委托书、协议书、会议纪要，所采用的定额、费用标准等计价依据，人工、材料、机械台班单价等价格依据，以及其他依据性的资料等。

④编制原则。包括工程量计算，定额、费用标准，人工、材料、机械台班单价的取定原则，大临设施费用方案、土石方利用率计算表及加工单价、无价材料和计算项的费用说明，主要定额调整及“四新”工程计价依据等。

⑤编制结果。包括工程量清单预算总金额，人工、钢材、水泥、沥青、砂石地材等主要资源的总消耗量情况。

⑥与批复概算和施工图预算的主要技术经济指标、主要工程量等的对比情况。

⑦辅助资料。指除编制说明中提及的编制依据、计价规定外，与项目构成有关但未能在说明、表格中反映的计价资料，包括但不限于：项目相关合同(或协议)、新增费用组成分析、新增或特殊材料、设备单价确定依据等。

⑧采用的造价软件名称及版本号。

⑨其他需要说明的事项。

(3)建设单位应提供对工程量清单预算的内审意见。内审意见主要包括对招标工程基本情况描述、审核依据、编制情况的总体评价、清单工程量及造价费用的复核情况等。

(4)工程量清单预算的成果交付还应包括全过程阳光造价管理文件要求中的其他报送文件。

3.2　合同工程量清单

3.2.1　合同工程量清单是在公路工程发、承包活动中,发、承包双方根据合同法、招(投)标文件及有关规定,以约定的工程量清单计价方式,签订工程承包合同时确定的工程量清单。合同工程量清单包括拟建工程量、单价、合价及总额。

3.2.2　除合同文件另有约定外,合同工程量清单文件的构成参照表3.1.4中规定的标准化表式。

3.3　0#清单

3.3.1　0#清单是按分项清单编码格式文件中实施阶段、竣(交)工阶段要求进行编制,对已标价工程量清单进行复核后的清单。0#清单经发、承包双方确认后作为计量支付和造价管理台账的数据基础。

3.3.2　除合同文件另有约定外,0#清单文件的构成参照表3.1.4中规定的标准化表式。

3.4　计量支付

3.4.1　计量支付文件应依据合同约定,结合指引的要求进行编制。

3.4.2　建设单位应对项目各标段的计量支付造价文件进行汇总建立项目计量支付台账。

3.4.3　计量支付文件主要包括封面、扉页、目录、计量支付表格文件、辅助资料和电子文件。

(1)封面、扉页、目录、计量支付表格文件,标准化表式见表3.4.3。

计量支付文件标准化表式　　表3.4.3

序号	报表编号	文件组成	文件样式	页码
1		**封面、扉页、目录**	自行编制	
2		**编制说明**		
3		**计量支付表格文件**	附录3	
3.1	浙路(JL)101	计量支付月报表		87
3.2	浙路(JL)102	计量支付报表传递单		89
3.3	浙路(JL)104-1	中期财务支付证书		90
3.4	浙路(JL)105	清单中期支付报表		91
3.5	浙路(JL)105-1	清单中期支付明细表		92
3.6	浙路(JL)106	清单工程量变更一览表		93
3.7	浙路(JL)107	清单单价变更一览表		94
3.8	浙路(JL)108	永久性工程材料差价金额一览表		95

续上表

序号	报表编号	文件组成	文件样式	页码
3.9	浙路(JL)109	工程材料到达现场计量表		96
3.10	浙路(JL)110	扣回材料垫付款一览表		97
3.11	浙路(JL)111	回扣动员预付款一览表		98
3.12	浙路(JL)112	工程计量表		99
3.13	浙路(JL)113	计量支付数量汇总表		100
3.14	浙路(JL)115	开工动员预付款支付证书		101
3.15	浙路(JL)116	合同价格调整表		102
4		**辅助资料**	其他相关资料	
5		**电子文件**	XML 文件	

(2)编制说明应包括:计量的主要工作内容及工程量,应支付和应扣款项情况以及其他需要说明的事项。

(3)辅助资料:其他相关资料。

3.5 工程变更费用

3.5.1 概算预算形式工程变更费用文件

(1)由交通运输主管部门审批的概算预算形式工程变更费用文件应按现行《公路工程建设项目概算预算编制办法》(JTG 3830)、《公路工程设计变更管理办法》(交通部令 2005 年第 5 号),结合指引要求进行编制,其他变更文件可参照执行。批准的工程变更费用不作为建设单位和承包人工程变更费用结算的依据。

(2)概算预算形式工程变更费用文件主要包括封面、扉页、目录、编制说明、甲组文件、乙组文件、辅助资料和相应的电子文件。

①封面、扉页、目录、甲组文件、乙组文件,标准化表式见表 3.5.1-1。

概算预算形式工程变更费用文件标准化表式 表 3.5.1-1

序号	报表编号	文件组成	文件样式	页码
1		**封面、扉页、目录**		103 ~ 107
2		**编制说明**		
3		**甲组文件**	附录 4	
3.1	变更概(预)1 表	××变更费用对比表		109
3.2	变更概(预)2 表	××变更人工、材料、设备、机械的数量、单价对比表		110
4		**乙组文件(如需要)**		
4.1	同概(预)算文件	××变更前概算预算文件		48 ~ 54
4.2	同概(预)算文件	××变更后概算预算文件		48 ~ 54
5		**辅助资料**	其他资料	
6		**电子文件**	软件格式和 XML 格式	

②编制说明应包括下列内容：

a. 建设项目设计文件批复情况、设计变更的主要原因、相关的会议纪要等依据。

b. 采用的造价依据，人工、材料、设备、机械台班单价的依据或来源，其他费用标准或费用信息等。重点对新增单价进行说明。

c. 设计变更前、后的工程规模、技术标准、主要工程量及费用变化情况。

d. 辅助资料：特殊材料询价资料，造价计算应说明的其他资料，如措施费计算依据等。其他与造价有关但不能在表格中反映的事项。

③建设单位应提供对设计变更概（预）算的内审意见。内审意见主要包括对变更设计图纸批复（或评审）、建设各方及施工时间情况，设计变更建议上报确认情况、会议纪要或专家咨询意见、设计图纸和造价文件的编制情况描述；变更前、后设计方案和工程数量，变更增减工程数量等。

④概算预算形式工程变更费用文件的成果交付还应包括全过程阳光造价管理文件要求中的其他报送文件。

（3）概算预算形式工程变更费用文件咨询文件（若有）可参照概算预算咨询文件格式进行编制，标准化表式见表3.5.1-2。

概算预算形式工程变更费用咨询文件标准化表式　　表3.5.1-2

序号	报表编号	文件组成	文件样式	页码
1		**工程变更费用咨询文件（如有）**	附录4	
1.1		封面、扉页、目录	参照估概算文件对应内容	19～23
1.2		咨询意见		55～65
1.3	咨01表	变更费用咨询对比表		66
1.4	咨02表	变更费用咨询对照表		67
1.5	咨03表	主要材料价格调整对照表		68
1.6	咨04表	主要材料数量对照表		69
1.7	咨05表	变更费用概（预）算表		70
2		**辅助资料**	其他资料	
3		**电子文件**	软件格式和XML格式	

3.5.2　工程量清单形式工程变更费用文件

（1）工程量清单形式工程变更费用文件应按合同文件要求，结合指引进行编制，其他变更文件可参照执行。

（2）工程量清单形式工程变更费用文件主要包括封面、扉页、目录、编制说明、甲组文件、辅助资料和相应的电子文件，重大、较大变更还应包括各级管理部门的审核意见。

①封面、扉页、目录、甲组文件，标准化表式见表3.5.2。

工程量清单形式工程变更费用文件标准化表式　　表3.5.2

序号	报表编号	文件组成	文件样式	页码
1		**封面、扉页、目录**		111～115
2		**编制说明**		
3		**甲组文件**	附录4	
3.1	变更清单1表	××变更工程量清单对比汇总表		117
3.2	变更清单1-1表	××变更工程量清单对比表		118
3.3	变更清单1-2表	××变更新增清单子目单价表		119

续上表

序号	报表编号	文件组成	文件样式	页码
3.4	变更清单2表	××变更分项工程量清单对比表		120
4		**辅助资料**	其他资料	
5		**电子文件**	软件格式和XML格式	

②编制说明应包括下列内容：

a.建设项目设计文件批复情况、设计变更的主要原因、相关的会议纪要等依据。

b.采用的造价依据，人工、材料、设备、机械台班单价的依据或来源，其他费用标准或费用信息等。

c.设计变更前、后的工程规模、技术标准、主要工程量及费用变化情况。

d.其他与造价有关但不能在表格中反映的事项。

③辅助资料：特殊材料询价资料，造价计算应说明的其他资料，如措施费计算依据等。

④工程量清单形式工程变更费用文件的成果还应包括全过程造价标准化文件报送和采集要求中的其他报送文件。

3.5.3　工程变更费用汇总文件

(1)工程变更费用汇总文件应汇总设计变更和其他变更数据，以单个施工合同为单位编制工程变更台账表。

(2)工程变更费用汇总文件的数据应与工程量清单格式的设计变更文件和其他变更文件的汇总数据一致。

(3)工程变更费用汇总文件的组成包括封面、扉页、目录、编制说明、甲组文件，辅助资料及相应的电子文件。

①封面、扉页、目录、甲组文件，标准化表式见表3.5.3。

工程变更费用汇总文件标准化表式　　表3.5.3

序号	报表编号	文件组成	文件样式	页码
1		**封面、扉页、目录**		121～125
2		**编制说明**		
3		**甲组文件**	附录4	
3.1	变更台账1-*i*表	××合同段工程变更台账表		127
3.2	变更台账2-*i*表	××合同段变更新增清单子目单价汇总表		128
3.3	变更清单总1-*i*表	工程变更工程量清单汇总对比表		129
3.4	变更清单总1-1-*i*表	工程变更工程量清单对比表		130
3.5	变更清单总1-2-*i*表	工程变更项目分项清单对比表		131
4		**辅助资料**	其他资料	
5		**电子文件**	XML格式	

②编制说明应包括工程概况，项目总体变更情况，重大、较大设计变更批复情况等内容。

③辅助资料应包括重大、较大设计变更的批复文件以及上级管理部门对其他变更的批复文件(如有)。

④工程变更费用汇总文件的成果还应包括全过程阳光造价管理文件要求中的其他报送文件。

3.6　造价管理台账

3.6.1　项目实施阶段，建设单位应按规定建立造价管理台账，并在建设过程定期维护、及时更新和动态管理。

3.6.2　造价管理台账应按合同文件要求，结合指引进行编制。造价管理台账的工程数量部分应反映从前期、实施到竣（交）工不同阶段建设规模、主要设计方案、主要工程数量的变化，特别是采用设计施工总承包模式的项目应做好工程数量台账管理。计量与支付、工程变更、材料价差调整等应分别按标段和建设项目编制台账表和汇总表。

3.6.3　电子文件宜由项目管理系统导出，手工编制电子表格文件宜采用便于数据闭合性校对的方式进行编制，鼓励运用可对电子表格文件进行管理的专用计量支付软件。

3.6.4　造价管理台账主要包括目录、编制说明、甲组文件、乙组文件及相应的电子文件。

（1）目录、甲组文件、乙组文件，标准化表式见表3.6.4。

造价管理台账标准化表式　　表3.6.4

序号	报表编号	文件组成	文件样式	页码
1		**目录**		133
2		**编制说明**		
3		**甲组文件**	附录5	
3.1	台账1表	造价台账汇总表		135
3.2	台账2表	中标价与标底或最高投标限价对比表		136
3.3	台账3表	合同支付台账表		137
3.4	台账4-1表	工程变更台账分类汇总表		138
3.5	台账4-2表	工程变更台账汇总表		139
3.6	台账5表	新增清单子目单价汇总表		140
3.7	台账6表	公路工程造价从业人员汇总表		141
4		**乙组文件**	附录5	
4.1	台账1-*i*表	××合同段工程造价台账表		142
4.2	变更台账1-*i*表	××合同段工程变更台账表		127
4.3	变更台账2-*i*表	××合同段变更新增清单子目单价汇总表		128
4.4	台账6-*i*表	××合同段公路工程造价从业人员汇总表		143
5		**电子文件**	XML文件	

（2）编制说明应包括下列内容：

①项目概况。

②项目投资动态变化及管理情况，主要包括造价文件批复，重大、较大设计变更，工程费用支付，重大造价变化及原因分析以及各阶段造价执行情况等。

③其他需要说明的事项。

（3）造价管理台账的成果还应包括项目管理和监督检查要求的其他文件。

4　竣(交)工阶段造价文件编制要求

4.1　工程结算

4.1.1　工程结算文件应按合同文件要求,结合指引进行编制。

4.1.2　建设单位在结算办理过程中应积极组织开展结算谈判(如需),完善结算的合同手续和相关审批手续,对结算文件的编制质量提出评价意见。

4.1.3　工程结算文件组成包括封面、扉页、目录、编制说明、甲组文件、乙组文件、辅助资料和相应的电子文件。

(1)封面、扉页、目录、甲组文件、乙组文件,标准化表式见表4.1.3。

工程结算文件标准化表式　　表4.1.3

序号	报表编号	文件组成	文件样式	页码
1		**封面、扉页、目录**		145～149
2		**编制说明**		
3		**甲组文件**	附录6	
3.1	建安结1表	工程量清单结算汇总表		151
3.2	建安结1-1表	工程量清单结算表		152
3.3	建安结1-2表	计日工结算汇总表		153
3.4	建安结1-3表	材料价差调整结算统计表		154
3.5	建安结1-4表	工程项目索赔结算汇总表		155
3.6	建安结1-5表	其他费用结算汇总表		156
3.7	变更台账1-i表	××合同段工程变更台账表		127
4		**乙组文件**	附录6	
4.1	建安结1-2-1表	计日工明细表		157
4.2	建安结1-3-1表	材料价差调整明细表		158
4.3	建安结2表	工程分项工程量清单对比表		159
5		**辅助资料**	其他资料	
6		**电子文件**	软件格式和XML文件	

(2)编制说明应包括下列内容:

①工程范围及主要工作内容,设计数量台账,竣工图数量对应结算情况。

②工程结算文件编制的依据、合同价及工程变更的主要内容等。

③工程结算遗留问题。

④结算过程中的调查资料及其他结算依据性资料,其他与工程结算有关但不能在表格中反映的事项。

⑤采用的软件名称及版本号。

(3)工程结算的成果还应包括全过程阳光造价管理文件要求中的其他报送文件。

4.2　竣工决算

4.2.1　竣工决算文件应按合同文件和《公路工程建设项目工程决算编制办法》(交公路发〔2004〕507号)的要求,结合指引进行编制。

4.2.2　竣工决算应准确反映工程建设实际发生费用,并总体控制在批复设计概算(或一阶段施工图预算)范围内。竣工决算应数据真实、结构清晰、计算正确、符合规定,各项费用构成应做到数据来源有依据、可追溯,归属位置按标准、合规范,统计、汇总口径应准确一致,工程、财务数据相吻合。

4.2.3　项目竣工决算文件组成包括封面、扉页、目录、建设项目地理位置图、竣工决算报告编制说明书、竣工决算文件表格、辅助资料及相应的电子文件。

(1)封面、扉页、目录、建设项目地理位置图、竣工决算报告编制说明书、竣工决算文件表格,标准化表式见表4.2.3。

竣工决算文件标准化表式　　表4.2.3

序号	报表编号	文件组成	文件样式	页码
1		**封面、扉页、目录**		161~165
2		**建设项目地理位置图**		
3		**竣工决算报告编制说明书**		
4		**竣工决算文件表格**	附录7	
4.1	竣1表	工程概况表		167
4.2	竣2表	财务决算表		168~169
4.3	竣2-1表	资金来源情况表		170
4.4	竣2-2表	交付使用资产总表		171
4.5	竣2-2-1表	交付使用资产明细表		172
4.6	竣2-3表	待摊投资明细表		173
4.7	竣2-4表	待核销基建支出明细表		174
4.8	竣2-5表	转出投资明细表		175
4.9	竣3表	建设项目工程竣工决算汇总表(合同格式)		176~177
4.10	竣3-1-*i*表	工程结算费用表(合同清单格式)		178
4.11	竣4表	建设项目工程竣工决算汇总表(概算预算格式)		179
4.12	竣4-1-*i*表	工程结算费用表(分项清单格式)		180
4.13	竣4-2表	土地使用及拆迁补偿费结算汇总表		181
4.14	竣4-2-*i*表	土地使用及拆迁补偿费结算表		182
4.15	竣4-3表	建设单位(业主)管理费汇总表		183
4.16	竣4-4表	其他合同(费用)结算汇总表		184
4.17	竣4-4-*i*表	××类合同(费用)结算表		185
4.18	竣4-5表	预留费用登记表(含尾工工程)		186
4.19	竣4-6表	建设期贷款利息汇总表		187
4.20	竣4-7表	代扣代付项目增减建设成本汇总表		188
4.21	竣5表	全过程造价对比表		189

续上表

序号	报表编号	文件组成	文件样式	页码
4.22	竣5-1表	土地使用及拆迁补偿费工程造价与概算执行情况对比表		190
5		**辅助资料**	其他资料	
6		**电子文件**	软件格式和XML文件	

(2)竣工决算报告编制说明书应包括下列内容:

①项目概况及组织情况:从工程立项、初步设计、施工图设计、招标阶段、工程建设、竣(交)工等各阶段说明工程路线走向、建设规模、技术标准、主要工程方案、数量情况;建设管理制度执行情况,各阶段设计审批情况,重大、较大设计变更审批,招投标和合同履行情况;建设项目工程资金来源、到位及投资计划、落实情况。

②项目财务与工程造价管理情况:从项目管理机构设置及职能分工、招标方式、主要参建单位履约情况、工程建设管理措施、会计财务处理、财产物资清理及债权债务清偿、工程建设过程和管理工作中的重大事件、经验教训等方面说明。

③工程造价与投资控制情况:从造价控制与管理措施、合同执行情况、工程设计变更、批复费用执行情况、建设资金使用与结余资金处理情况、竣工决算编制情况等方面说明。对项目调价及预留费用(含尾工工程)情况等应说明;其中应特别注意竣工决算与批复费用的对比,需要详细表述主要技术经济指标、费用节余(或超支)情况,并对其原因进行量化分析和说明原因。

④对超概项目及概算结余超出20%的项目应在造价执行情况报告中详细说明,造价执行情况报告应包括工程概况、投融资方式、建设管理模式、各阶段造价批复和执行情况,超概及结余的具体分析等内容。

⑤工程遗留问题(如有)。

⑥检查落实情况,如历次审计、检查、审核、稽查意见及整改落实情况等。

⑦项目管理体会:总结项目管理特点、造价控制的经验与教训总结、工程遗留问题和建议,以及上级单位对本项目的造价管理或投资控制方面的考核评价等。

⑧其他需要说明的事项。

(3)辅助资料主要为支撑竣工决算报表数据的基础性资料,主要为构成公路工程建设项目决算各项费用的依据性文件、合同、协议、变更批复、结算书、计量支付凭证、竣工图等资料。

(4)工程竣工决算文件成果还应包括全过程阳光造价管理文件要求中的其他报送文件。

4.3 造价执行情况报告

4.3.1 造价执行情况报告分为总体造价执行情况报告(简称“总体报告”)和日常造价执行情况报告(简称“日常报告”)两部分,总体报告是日常报告的汇总。

总体报告由建设单位在项目竣工验收前编制完成,应反映公路工程建设全过程中主要阶段的造价管理情况。主要内容包括项目的工程概况,投融资方式,建设管理模式,各阶段造价批复和执行情况(其中重大、较大设计变更应重点说明),工程结算及交工验收前变更处理情况,造价监督检查和整改情况,竣工决算情况,造价控制目标实现情况,遗留问题,造价管控措施成效及体会,以及上级单位对项目的造价管理考核评价情况等。

日常报告可参照总体报告参考格式进行编制,建设单位可根据项目实际进展情况动态更新。交通运输主管部门在项目实施阶段进行监督检查时可根据需要要求建设单位提供。

4.3.2 造价执行情况报告主要包括执行情况总说明、工程概况表、全过程造价对比表,标准化表式见表4.3.2。

造价执行情况报告标准化表式　　表4.3.2

序号	报表编号	文件组成	文件样式	页码
1		××工程造价执行情况报告	参考	191
2	竣1表	工程概况表		167
3	竣5表	全过程造价对比表		189

5 造价文件审查、备案要求

5.1 各级交通运输主管部门应严格履行公路项目基本建设程序,并按指引要求开展公路工程投资估算,设计概算,重大、较大变更审查,工程量清单预算的备案工作,并负责相应造价信息、数据的收集和动态维护工作。

5.2 投资估算应按工程可行性研究文件和相关规定,结合指引进行审查,具体包括下列内容:

(1)符合性审查:

①工可图纸审查情况,设计文件审查专家组意见是否已经执行,建设单位内审意见是否已经完善,送审资料是否已经满足审查要求。

②送审造价文件与审查范围是否一致,分段进行审查的项目编制口径是否一致。

(2)技术性审查:

①编制依据、取费及材料信息价是否合理。

②投资估算主要分项工程经济指标合理性。

③要素费用项目编码是否严格按指引编制,指标套取和指标调整是否准确。

④征地拆迁费用、耕地占补费、失地农民养老保险费是否按照最新文件执行,临时占地费用计算是否合理。

⑤其他需审查的内容。

5.3 设计概算应按初步(技术)设计文件和相关规定,结合指引进行审查,具体包括下列内容:

(1)符合性审查:

①初步(技术)设计图纸审查情况,设计文件审查专家组意见是否已经执行,建设单位内审意见是否已经完善,送审资料是否已经满足审查要求。

②送审造价文件与审查范围是否一致,分段进行审查的项目编制口径是否一致。

(2)技术性审查:

①编制依据、取费及材料信息价是否合理。

②设计概算整体水平、设计工程数量、主要分项工程经济指标合理性。

③大型临时工程费用计算方案、土石方的平衡和自加工利用率、无定额项内容的数量单价、无价材料的单价取定等是否合理。

④要素费用项目编码是否严格按指引编制,定额套取和定额调整是否准确。

⑤征地拆迁费用、耕地占补费、失地农民养老保险费是否按照最新文件执行,临时占地费用计算是否合理。

⑥竣交工试验检测费计算是否合理。

⑦研究试验费列项是否合理,列项内容是否有相关立项文件或经预审具有详细研究内容等方案资料。

⑧涉铁、涉路、涉水等费用计取依据是否合理。

⑨环保水保专项措施费、河道整治、矿产压覆补偿费等专项评价(估)费费用依据是否充分,费用

计取是否合理。

⑩其他需审查的内容。

5.4　工程变更费用应按设计变更文件和相关规定，结合指引进行审查，除包括5.3中设计概算审查的所有内容外，还应审查下列内容：

①设计变更文件和批复的概（预）算文件编制口径是否一致，变化的原因和理由是否充分。

②变更是否存在肢解、打包等不符合审查规定的情况。

③设计变更费用和原批复对应概（预）算部分费用对比分析（若有）。

④变更方案和措施费的计算是否合理。

⑤其他需审查的内容。

5.5　工程量清单预算备案时，交通运输主管部门应对以下内容进行核查：

①备案文件是否满足要求，取费、信息价、综合单价是否合理。

②清单子目与其下设细目是否按计量支付规则建立统一对应关系；新增清单子目是否配套完善的计量支付约定；招标文件计量支付规则是否符合规定等。

③同类项目间的造价水平均衡性情况，项目内基本条件相同（似）清单内容以及各标段之间的费用及单价的均衡性。

④无价材料、设备询价是否满足3家以上。

⑤与相应概算的拆分和对比分析情况，超相应概算情况下原因分析及与主管部门的汇报同意情况。

⑥招标图纸设计方案工艺、材料和设备使用明确的内容不应设置暂估价，暂估价比例设置原则上不超过工程量清单预算的10%，若超过需进行详细说明，编制专项报告。

附录

浙江省公路工程全过程造价文件标准化表式

附录1　估(概、预)算文件标准化表式

××公路工程可行性研究报告
(项目建议书)投资估算(咨询文件)
或××公路工程初步设计概算(咨询文件)
或××公路工程施工图设计预算(咨询文件)

(K××+×××~K××+×××)

第＿＿＿册　共＿＿＿册

建设单位:＿＿＿＿＿＿＿＿＿＿＿＿

编制时间:××年××月××日

(封面)

××公路工程可行性研究报告
(项目建议书)投资估算(咨询文件)
或××公路工程初步设计概算(咨询文件)
或××公路工程施工图设计预算(咨询文件)

(K××+×××~K××+×××)

第____册　共____册

编　制　人：____________(签字并盖章)

复　核　人：____________(签字并盖章)

编制单位：____________(盖章)

编制时间：××年××月××日

(扉页)

目　录

主要技术经济指标汇总表

建设项目名称：

编制范围：　　　　　　　　　　　　　　　　第　　页 共　　页　　　　　　总00表

要素费用项目编码	指标名称	单位	信息或工程量	费用（万元）	技术经济指标（单价）	各项费用比例（%）	备注
Z-0	项目基本信息			—	—	—	
Z-001	工程所在地	—		—	—	—	地级市行政地名
Z-002	地形类别	—		—	—	—	
Z-003	新建/改(扩)建	—		—	—	—	按立项确定的性质
Z-004	公路技术等级	—		—	—	—	
Z-005	设计速度	km/h		—	—	—	
Z-006	路面类型及结构层厚度	—		—	—	—	
Z-007	路基宽度	m		—	—	—	路基标准横断面宽度
Z-008	桥梁宽度	m		—	—	—	
Z-009	隧道净宽	m		—	—	—	
Z-010	路线长度	公路公里		—	—	—	不含连接线
Z-011	桥梁长度	km		—	—	—	
Z-012	隧道长度	km		—	—	—	
Z-013	桥隧占比	%		—	—	—	
Z-014	互通式立体交叉数量	km/处		—	—	—	
Z-015	支线、联络线长度	km		—	—	—	
Z-016	辅道、连接线长度	km		—	—	—	
1	建筑安装工程费	公路公里					
101	临时工程	公路公里					
102	路基工程	km					
LJ02	路基挖方	m^3					
LJ03	路基填方	m^3					
LJ05	特殊路基处理	km					
LJ06	排水工程	km					

主要技术经济指标汇总表

建设项目名称：

编制范围：　　　　　　　　　　　　第　　页　共　　页　　　　　　总 00 表

要素费用项目编码	指标名称	单位	信息或工程量	费用（万元）	技术经济指标（单价）	各项费用比例（%）	备注
LJ07	防护与加固工程	km					
103	路面工程	km					
LM01	沥青混凝土路面	m^2					
LM02	水泥混凝土路面	m^2					
104	桥梁涵洞工程	km					
10401	涵洞工程	m/道					
10402	小桥工程	m/座					
10403	中桥工程	m/座					
10404	大桥工程	m/座					
10405	特大桥工程	m/座					
10406	桥面铺装	m^2/m					
105	隧道工程	km/座					
10501	连拱隧道	km/座					
10502	小净距隧道	km/座					
10503	分离式隧道	km/座					
10504	下沉式隧道	km/座					
10505	沉管隧道	km/座					
10506	盾构隧道	km/座					
10507	其他形式隧道	km/座					
10508	隧道沥青路面	m^2/m					
106	交叉工程	处					
10601	平面交叉	处					
10602	通道	m/处					
10605	分离式立体交叉	km/处					
10606	互通式立体交叉	km/处					

主要技术经济指标汇总表

建设项目名称：

编制范围：　　　　　　　　　　　　　　　　第　页　共　页　　　　　　总00表

要素费用项目编码	指标名称	单位	信息或工程量	费用（万元）	技术经济指标（单价）	各项费用比例（%）	备注
106060101	主线	km					
106060102	匝道	km					
106060103	被交道	m/座					
107	交通工程及沿线设施	公路公里					
10701	交通安全设施	公路公里					
10702	收费系统	车道/处					
10703	监控系统	公路公里					
10704	通信系统	公路公里					
10705	隧道机电工程	km/座					
10706	供电及照明系统	km					
10707	管理、养护、服务房建工程	m^2/m^2					
1070701	管理中心	m^2/处					
1070702	养护工区	m^2/处					
1070703	服务区	m^2/处					
1070704	停车区	m^2/处					
1070705	收费站	m^2/处					
1070706	收费天棚	m^2/车道					
10708	线外供电	km/处					
10709	智慧公路	公路公里					
10710	智能交通设施	km					
108	绿化及环境保护工程	公路公里					
109	其他工程	公路公里					
10901	联络线、支线工程	km/处					
10902	连接线工程	km/处					
10903	辅道工程	km/处					
10904	改路工程	km/处					

主要技术经济指标汇总表

建设项目名称：

编制范围：　　　　　　　　　　　　　　　　第　页　共　页　　　　总00表

要素费用项目编码	指标名称	单位	信息或工程量	费用（万元）	技术经济指标（单价）	各项费用比例（%）	备注
10905	改河、改沟、改渠	m/处					
10906	悬出路台	m/处					
10907	渡口码头	处					
110	专项费用	万元					
2	土地使用及拆迁补偿费	公路公里					
20101	永久征用土地	亩					
20102	临时用地	亩					
202	拆迁补偿费	公路公里					
203	其他补偿费	公路公里					
3	工程建设其他费	公路公里					
301	建设项目管理费	公路公里					
302	研究试验费	公路公里					
303	建设项目前期工作费	公路公里					
304	专项评价(估)费	公路公里					
307	工程保通管理费	公路公里					
308	工程保险费	公路公里					
309	其他相关费用	公路公里					
4	预备费	公路公里					
5	建设期贷款利息	公路公里					
6	公路基本造价	公路公里					
Z-7	项目主材消耗						
Z-701	人工	工日					
Z-702	钢材	t					
Z-703	水泥	t					
Z-704	沥青	t					
Z-705	砂	m^3					

主要技术经济指标汇总表

建设项目名称：

编制范围：　　　　　　　　　　第　　页　共　　页　　　　　　总00表

要素费用项目编码	指标名称	单位	信息或工程量	费用（万元）	技术经济指标（单价）	各项费用比例（%）	备注
Z-706	石料	m^3					
Z-707	汽油	kg					
Z-708	柴油	kg					
Z-709	重油	kg					
Z-710	电	kW·h					

编制：　　　　　　　　　　复核：

总估(概、预)算汇总表

建设项目名称：　　　　　　　　　　第　　页　共　　页　　　　总 01-1 表

要素费用项目编码	工程或费用名称	单位	总数量	××段			××段			××段			总金额(元)	全路段技术经济指标	各项费用比例(%)
				数量	金额(元)	技术经济指标	数量	金额(元)	技术经济指标	数量	金额(元)	技术经济指标			

填表说明：

1. 一个建设项目分若干单项工程编制估(概、预)算时，应通过本表汇总全部建设项目估(概、预)算金额。
2. 本表反映一个建设项目的各项费用组成，估(概、预)算总值和技术经济指标。
3. 本表中工程或费用编码、工程或费用名称、单位、总数量、预算金额应由各单项或单位工程总估(概、预)算表(01 表)转来，分部、项、子项应保留《浙江省公路工程全过程造价编码标准化指南》中估(概、预)算列所示的标准费用项目，其他可视需要增减。
4. “全路段技术经济指标”以各金额汇总合计除以相应总数量计算；“各项费用比例”以汇总的各项目公路工程造价除以公路基本造价合计计算。

编制：　　　　　　　　　　　　　　　　　　复核：

标准费用项目前后阶段对比表

建设项目名称：　　　　　　　　　　　　　　　　　　第　　页 共　　页　　　　　　总01-2表

要素费用项目编码	工程或费用名称	单位	本阶段概(预)算			上阶段估(概)算			费用变化		备注
			数量	单价	金额	数量	单价	金额	金额	比例(%)	
1	2	3	4	5=6÷4	6	7	8=9÷7	9	10=6−9	11=10÷9	12

填表说明：

1. 本表反映一个建设项目的前后阶段各项费用组成。
2. 本阶段和上阶段费用均从各阶段总01-1表转入。

编制：　　　　　　　　　　　　　　　　　　　　　　复核：

人工、材料、设备、机械的数量、单价汇总表

建设项目名称：　　　　　　　　　　　　　　　　第　　页 共　　页　　　　总02表

序号	编码	名称	单位	单价（元）	总数量	编制范围								备注（规格）
						××段	××段	××段	……					

编制：　　　　　　　　　　　　　　　　复核：

主要技术经济指标表

建设项目名称：

编制范围：　　　　　　　　　　　　第　页　共　页　　　　00 表

要素费用项目编码	指标名称	单位	信息或工程量	费用(万元)	技术经济指标(单价)	各项费用比例(%)	备注
Z-0	项目基本信息			—	—	—	
Z-001	工程所在地	—		—	—	—	地级市行政地名
Z-002	地形类别	—		—	—	—	
Z-003	新建/改(扩)建	—		—	—	—	按立项确定的性质
Z-004	公路技术等级	—		—	—	—	
Z-005	设计速度	km/h		—	—	—	
Z-006	路面类型及结构层厚度	—		—	—	—	
Z-007	路基宽度	m		—	—	—	路基标准横断面宽度
Z-008	桥梁宽度	m		—	—	—	
Z-009	隧道净宽	m		—	—	—	
Z-010	路线长度	公路公里		—	—	—	不含连接线
Z-011	桥梁长度	km		—	—	—	
Z-012	隧道长度	km		—	—	—	
Z-013	桥隧占比	%		—	—	—	
Z-014	互通式立体交叉数量	km/处		—	—	—	
Z-015	支线、联络线长度	km		—	—	—	
Z-016	辅道、连接线长度	km		—	—	—	
1	建筑安装工程费	公路公里					
101	临时工程	公路公里					
102	路基工程	km					
LJ02	路基挖方	m^3					
LJ03	路基填方	m^3					
LJ05	特殊路基处理	km					

主要技术经济指标表

建设项目名称：

编制范围：　　　　　　　　　　　　　　　　第　　页　共　　页　　　　　　00 表

要素费用项目编码	指标名称	单位	信息或工程量	费用（万元）	技术经济指标（单价）	各项费用比例（%）	备注
LJ06	排水工程	km					
LJ07	防护与加固工程	km					
103	路面工程	km					
LM01	沥青混凝土路面	m^2					
LM02	水泥混凝土路面	m^2					
104	桥梁涵洞工程	km					
10401	涵洞工程	m/道					
10402	小桥工程	m/座					
10403	中桥工程	m/座					
10404	大桥工程	m/座					
10405	特大桥工程	m/座					
10406	桥面铺装	m^2/m					
105	隧道工程	km/座					
10501	连拱隧道	km/座					
10502	小净距隧道	km/座					
10503	分离式隧道	km/座					
10504	下沉式隧道	km/座					
10505	沉管隧道	km/座					
10506	盾构隧道	km/座					
10507	其他形式隧道	km/座					
10508	隧道沥青路面	m^2/m					
106	交叉工程	处					
10601	平面交叉	处					

主要技术经济指标表

建设项目名称：

编制范围：　　　　　　　　　　第　页　共　页　　　　00表

要素费用项目编码	指标名称	单位	信息或工程量	费用（万元）	技术经济指标（单价）	各项费用比例（%）	备注
10602	通道	m/处					
10605	分离式立体交叉	km/处					
10606	互通式立体交叉	km/处					
106060101	主线	km					
106060102	匝道	km					
106060103	被交道	m/座					
107	交通工程及沿线设施	公路公里					
10701	交通安全设施	公路公里					
10702	收费系统	车道/处					
10703	监控系统	公路公里					
10704	通信系统	公路公里					
10705	隧道机电工程	km/座					
10706	供电及照明系统	km					
10707	管理、养护、服务房建工程	m^2/m^2					
1070701	管理中心	m^2/处					
1070702	养护工区	m^2/处					
1070703	服务区	m^2/处					
1070704	停车区	m^2/处					
1070705	收费站	m^2/处					
1070706	收费天棚	m^2/车道					
10708	线外供电	km/处					
10709	智慧公路	公路公里					
10710	智能交通设施	km					

主要技术经济指标表

建设项目名称：

编制范围： 第 页 共 页 00表

要素费用项目编码	指标名称	单位	信息或工程量	费用（万元）	技术经济指标（单价）	各项费用比例（%）	备注
108	绿化及环境保护工程	公路公里					
109	其他工程	公路公里					
10901	联络线、支线工程	km/处					
10902	连接线工程	km/处					
10903	辅道工程	km/处					
10904	改路工程	km/处					
10905	改河、改沟、改渠	m/处					
10906	悬出路台	m/处					
10907	渡口码头	处					
110	专项费用	万元					
2	土地使用及拆迁补偿费	公路公里					
20101	永久征用土地	亩					
20102	临时用地	亩					
202	拆迁补偿费	公路公里					
203	其他补偿费	公路公里					
3	工程建设其他费	公路公里					
301	建设项目管理费	公路公里					
302	研究试验费	公路公里					
303	建设项目前期工作费	公路公里					
304	专项评价（估）费	公路公里					
307	工程保通管理费	公路公里					
308	工程保险费	公路公里					
309	其他相关费用	公路公里					

主要技术经济指标表

建设项目名称：

编制范围：　　　　　　　　　　　　第　　页　共　　页　　　　00表

要素费用项目编码	指标名称	单位	信息或工程量	费用（万元）	技术经济指标（单价）	各项费用比例（%）	备注
4	预备费	公路公里					
5	建设期贷款利息	公路公里					
6	公路基本造价	公路公里					
Z-7	项目主材消耗						
Z-701	人工	工日					
Z-702	钢材	t					
Z-703	水泥	t					
Z-704	沥青	t					
Z-705	砂	m^3					
Z-706	石料	m^3					
Z-707	汽油	kg					
Z-708	柴油	kg					
Z-709	重油	kg					
Z-710	电	kW·h					

编制：　　　　　　　　　　　　复核：

总估(概、预)算表

建设项目名称：

编制范围：　　　　　　　　　　　　第　　页　共　　页　　　　01 表

要素费用项目编码	工程或费用名称	单位	数量	金额（元）	技术经济指标	各项费用比例（%）	备注

填表说明：

1. 本表反映一个单项或单位工程的各项费用组成、估（概、预）算金额、技术经济指标、各项费用比例（%）等。
2. 本表中“要素费用项目编码”“工程或费用名称”“单位”等应按《浙江省公路工程全过程造价编码标准化指南》中估（概、预）算列的编号及内容填写。
3. “数量”“金额”由建筑安装工程费计算表（03 表）、专项费用计算表（06 表）、土地使用及征拆补偿费计算表（07 表）、工程建设其他费计算表（08 表）转来。
4. “技术经济指标”以各项目金额除以相应数量计算；“各项费用比例”以各项金额除以公路基本造价计算。

编制：　　　　　　　　　　　　　　　　复核：

人工、材料、设备、机械的数量、单价汇总表

建设项目名称：

编制范围：　　　　　　　　　　　　　　　　　　第　　页　共　　页　　　　　　　　02表

序号	编码	名称	单位	单价（元）	总数量	分项统计						场外运输损耗		备注（规格）
						路基工程	路面工程	……				%	数量	

编制：　　　　　　　　　　　　　　　　　　　　　　　复核：

建筑安装工程费计算表

建设项目名称：

编制范围：　　　　　　　　　　　　　　　　　　　　　　第　　页　共　　页　　　　　　03 表

序号	要素费用项目编码	工程或费用名称	单位	工程量	定额直接费（元）	定额设备购置费（元）	直接费（元）				设备购置费	措施费	企业管理费	规费	利润（元）	税金（元）	金额合计（元）	
							人工费	材料费	施工机械使用费	合计					费率（%）	税率（%）	合计	单价
1	2	3	4	5	6	7	8	9	10	11	12	13	14	15	16	17	18	19
合计																		

填表说明：

1. 本表各栏数据由 05 表、06 表、21-2 表经计算转来。
2. 本表中除列出具体分项外，还应列出子项（如临时工程、路基工程、路面工程、……），并将子项下的具体分项的费用进行汇总。

编制：　　　　　　　　　　　　　　　　　　　　　　　　复核：

综合费率计算表

建设项目名称：

编制范围：　　　　　　　　　　　　　　　　　　第　　页　共　　页　　　　　　04表

序号	工程类别	措施费(%)											企业管理费(%)						规费(%)					
		冬季施工增加费	雨季施工增加费	夜间施工增加费	高原地区施工增加费	风沙地区施工增加费	沿海地区施工增加费	行车干扰施工增加费	施工辅助费	工地转移费	综合费率		基本费用	主副食运费补贴	职工探亲路费	职工取暖补贴	财务费用	综合费率	养老保险费	失业保险费	医疗保险费	工伤保险费	住房公积金	综合费率
											Ⅰ	Ⅱ												
1	2	3	4	5	6	7	8	9	10	11	12	13	14	15	16	17	18	19	20	21	22	23	24	25

填表说明：

本表应根据建设项目具体情况，按概算预算编制办法有关规定填入数据计算。

其中：12 = 3 + 4 + 5 + 6 + 7 + 8 + 9 + 11；13 = 10；19 = 14 + 15 + 16 + 17 + 18；25 = 20 + 21 + 22 + 23 + 24。

编制：　　　　　　　　　　　　　　　　　　　　　　复核：

综合费计算表

建设项目名称：

编制范围：　　　　　　　　　　　　　　　　　　　　　　　　第　　页　共　　页　　　　　　　04-1 表

序号	工程名称	措施费											企业管理费						规费					
		冬季施工增加费	雨季施工增加费	夜间施工增加费	高原地区施工增加费	风沙地区施工增加费	沿海地区施工增加费	行车干扰施工增加费	施工辅助费	工地转移费	综合费用		基本费用	主副食运费补贴	职工探亲路费	职工取暖补贴	财务费用	综合费用	养老保险费	失业保险费	医疗保险费	工伤保险费	住房公积金	综合费用
											Ⅰ	Ⅱ												
1	2	3	4	5	6	7	8	9	10	11	12	13	14	15	16	17	18	19	20	21	22	23	24	25

填表说明：

本表应根据建设项目具体分项工程，按概算预算编制办法规定的计算方法分别计算各项费用。

其中：12 = 3 + 4 + 5 + 6 + 7 + 8 + 9 + 11；13 = 10；19 = 14 + 15 + 16 + 17 + 18；25 = 20 + 21 + 22 + 23 + 24。

编制：　　　　　　　　　　　　　　　　　　　　　　　　　　　　复核：

设备费计算表

建设项目名称：

编制范围：　　　　　　　　　　　　　　　　第　　页　共　　页　　　　　　05表

序号	编码	设备名称	规格型号	单位	数量	基价	定额设备购置费（元）	单价（元）	设备购置费（元）	税金（元）	定额设备费（元）	设备费（元）
		合计										

填表说明：

本表应根据具体的设备购置清单进行计算，包括设备规格、单位、数量、设备基价、定额设备购置费、设备预算单价、税金以及定额设备费和设备费。设备购置费不计取措施费及企业管理费。

编制：　　　　　　　　　　　　　　　　　　复核：

专项费用计算表

建设项目名称：

编制范围：　　　　　　　　　　　　　　　　第　　页　共　　页　　　　　　06 表

序号	编码	工程或费用名称	说明及计算式	金额（元）	备注
		填表说明： 本表应依据项目按现行《公路工程建设项目概算预算编制办法》(JTG 3830)规定的专项费用项目填写，在说明及计算栏内填写需要说明内容及计算式。			

编制：　　　　　　　　　　　　　　　　　　　　复核：

土地使用及拆迁补偿费计算表

建设项目名称：

编制范围：　　　　　　　　　　　　　第　　页　共　　页　　　　　　07表

序号	要素费用项目编码	费用名称	单位	数量	单价（元）	金额（元）	说明及计算式	备注

填表说明：

本表按规定填写单位、数量、单价和金额；说明及计算式中应定明标准及计算式；子项下边有分项的，可以按顺序依次往下编码。

编制：　　　　　　　　　　　　　　　　复核：

土地使用费计算表

项目名称：　　　　行政区域名称：　　　　编制范围：　　　　第　页　共　页　　　　07-1 表

序号	要素费用项目编码	地类	面积	片区综合价	异地耕地占补费	青苗补偿费	征地税费			失地农民养老保险	新增建设用地补偿金	安置留用地指标	征地工作经费	永久性海域使用费	其他		综合指标	费用
							耕地占用税	耕地开垦费	森林植被恢复费						……	……		
			（亩）	（万元/亩）	（万元/亩）	（万元/亩）	（万元/亩）	（万元/亩）	（万元/亩）	（万元/亩）	（万元/亩）	（万元/亩）	（万元/亩）	（万元/亩）	（万元/亩）	（万元/亩）	（万元/亩）	（万元）
1	201	土地使用费																
2	20101	永久征用土地																
3	2010101	水田																
4	2010102	旱地																
5	2010103	园地																
6	2010104	林地																
7	2010105	其他农用地																
		……																
		合计																

工程建设其他费计算表

建设项目名称：

编制范围：　　　　　　　　　　　　第　页 共　页　　　　08 表

序号	要素费用项目编码	费用名称及项目	说明及计算式	金额(元)	备注

填表说明：

本表应按具体发生的其他费用项目填写,需要说明和具体计算的费用项目依次相应在说明及计算式栏内填写或具体计算,各项费用具体填写如下：

1. 建设项目管理费包括建设单位(业主)管理费、建设项目信息化费、工程监理费、设计文件审查费、竣(交)工验收试验检测费,按编办规定的计算基数、费率、方法或有关规定列式计算。
2. 研究试验费应根据设计需要进行研究试验的项目分别填写项目名称及金额,或列式计算或进行说明。
3. 建设项目前期工作费按编办规定的计算基数、费率、方法计算。
4. 专项评价(估)费、联合试运转费、生产准备费、工程保通管理费、工程保险费、预备费、建设期贷款利息等其他费用根据编办规定或国家有关规定依次类推计算。

编制：　　　　　　　　　　　　复核：

分项工程估(概、预)算计算数据表

建设项目名称:

编制范围:　　　　第　　页　共　　页　　　　21-1 表

要素费用项目编码/定额代号/工料机代号	项目、定额或工料机的名称	单位		数量		输入单价	输入金额	分项组价类型或定额子目取费类别	定额调整情况或分项算式

填表说明:

1. 本表应逐行从左到右横向跨栏填写。

2. “要素费用项目编码”“定额”“工料机”等的代号应根据实际需要按《浙江省公路工程全过程造价编码标准化指南》及现行《公路工程预算定额》(JTG/T 3832)的相关内容填写。

3. 本表主要是为利用计算机软件编制估(概、预)算提供分项组价基础数据,列明工程项目全部计算分项的组价参数;分项组价类型包括:输入单价、输入金额、算式列表、费用列表和定额组价五类;定额调整情况分配合比调整、钢筋调整、抽换、乘系数、综合调整等,非标准补充定额列出其工料机及其消耗量;具体填表规则由软件用户手册详细制定。

编制:　　　　　　　　复核:

分项工程估(概、预)算表

编制范围：

分项编号：　　工程名称：　　单位：　　数量：　　单价：　　第　页　共　页　　21-2 表

代号	工程项目											合计	
	工程细目												
	定额单位												
	工程数量												
	定额表号												
	工、料、机名称	单位	单价（元）	定额	数量	金额（元）	定额	数量	金额（元）	定额	数量	金额（元）	数量	金额（元）
1	人工	工日												
2	……													
	直接费	元												
	措施费 I	元			%			%			%			
	措施费 II	元			%			%			%			
	企业管理费	元			%			%			%			
	规费	元			%			%			%			
	利润	元			%			%			%			
	税金	元			%			%			%			
	金额合计	元												

填表说明：

1. 本表按具体分项工程项目数量、对应估(概、预)算定额子目填写，单价由 02 表转来，金额 = ∑工、料、机各项的单价 × 定额 × 数量。
2. 措施费、企业管理费按相应项目的定额人工费与定额施工机械使用费之和或定额直接费 × 规定费率计算。
3. 规费按相应项目的人工费 × 规定费率计算。
4. 利润按相应项目的(定额直接费 + 措施费 + 企业管理费) × 利润率计算。
5. 税金按相应项目的(直接费 + 措施费 + 企业管理费 + 规费 + 利润) × 税率计算。
6. 措施费、企业管理费、规费、利润、税金对应定额列填入相应的计算基数，数量列填入相应的费率。

编制：　　　　复核：

材料预算单价计算表

建设项目名称：

编制范围：　　　　　　　　　　　　　　　　　　　　　　　　第　　页　共　　页　　　　　　22 表

代号	规格名称	单位	原价（元）	运杂费					原价运费合计（元）	场外运输损耗		采购及保管费		预算单价（元）
				供应地点	运输方式、比重及运距	毛质量系数或单位毛质量	运杂费构成说明或计算式	单位运费（元）		费率（%）	金额（元）	费率（%）	金额（元）	

填表说明：

1. 本表计算各种材料自供应地点或料场至工地的全部运杂费与材料原价及其他费用组成预算单价。

2. 运输方式按火车、汽车、船舶等及所占运输比重填写。

3. 毛质量系数、场外运输损耗、采购及保管费按规定填写。

4. 根据材料供应地点、运输方式、运输单价、毛质量系数等，通过运杂费构成说明或计算式，计算得出材料单位运费。

5. 材料原价与单位运费、场外运输损耗、采购及保管费组成材料预算单价。

编制：　　　　　　　　　　　　　　　　　　　　　　　　　　　　复核：

自采材料料场价格计算表

编制范围：

自采材料名称：　　　　单位：　　　　数量：　　　　料场价格：　　　　第　　页　共　　页　　23-1 表

代号	工程项目												合计	
	工程细目													
	定额单位													
	工程数量													
	定额表号													
	工、料、机名称	单位	单价（元）	定额	数量	金额（元）	定额	数量	金额（元）	定额	数量	金额（元）	数量	金额（元）
	直接费	元												
	辅助生产间接费	元			%			%			%			
	高原取费	元			%			%			%			
	金额合计	元												

填表说明：

1. 本表主要用于分析计算自采材料料场价格，应将选用的定额人工、材料、施工机械台班数量全部列出，包括相应的工、料、机单价。
2. 材料规格用途相同而生产方式（如人工捶碎石、机械轧碎石）不同时，应分别计算单价，再以各种生产方式所占比重根据合计价格加权平均计算料场价格。
3. 定额中施工机械台班有调整系数时，应在本表内计算。
4. 辅助生产间接费、高原取费对应定额列填入相应的计算基数，数量列填入相应的费率。

编制：　　　　　　　　　　复核：

材料自办运输单位运费计算表

编制范围：

自采材料名称：　　单位：　　数量：　　单位运费：　　第　页　共　页　　23-2 表

代号	工程项目												合计	
	工程细目													
	定额单位													
	工程数量													
	定额表号													
	工、料、机名称	单位	单价（元）	定额	数量	金额（元）	定额	数量	金额（元）	定额	数量	金额（元）	数量	金额（元）
	直接费	元												
	辅助生产间接费	元			%			%			%			
	金额合计	元												

填表说明：

1. 本表主要用于分析计算材料自办运输单位运费，应将选用的定额人工、材料、施工机械台班数量全部列出，包括相应的工、料、机单价。

2. 材料运输地点或运输方式不同时，应分别计算单价，再按所占比重加权平均计算材料运输价格。

3. 定额中施工机械台班有调整系数时，应在本表内计算。

4. 辅助生产间接费、高原取费对应定额列填入相应的计算基数，数量列填入相应的费率。

编制：　　复核：

施工机械台班单价计算表

建设项目名称：

编制范围：　　　　　　　　　　　　　　　　　　　　第　　页 共　　页　　　　　　　　24表

序号	代号	规格名称	台班单价（元）	不变费用(元)		可变费用(元)																	
				调整系数		人工		汽油		柴油		重油		煤		电		水		木柴		车船税	合计
						（元/工日）		（元/kg）		（元/kg）		（元/kg）		（元/t）		[元/(kW·h)]		（元/m^3）		（元/kg）			
				定额	调整值	定额	金额	定额	金额	定额	金额	定额	金额	定额	金额	定额	金额	定额	金额	定额	金额		

填表说明：

1. 本表应根据公路工程机械台班费用定额进行计算。不变费用如有调整系数应填入调整值；可变费用各栏填入定额数量。
2. 人工、动力燃料的单价由材料预算单价计算表(22表)中转来。

编制：　　　　　　　　　　　　　　　　　　　　复核：

辅助生产人工、材料、施工机械台班单位数量表

建设项目名称：

编制范围：　　　　　　　　　　第　　页　共　　页　　　　25 表

序号	规格名称	单位	人工 （工日）						

填表说明：

本表各栏数据由自采材料料场价格计算表（23-1 表）和材料自办运输单位运费计算表（23-2 表）统计而来。

编制：　　　　　　　　　　复核：

××工程
初步设计概算专项咨询报告

公司名称：____________________(盖章)

编 制 人：____________________(盖章)

复 核 人：____________________(盖章)

二〇××年××月

××工程
初步设计概算专项咨询报告

根据浙江省交通运输厅《浙江省公路水运工程造价管理实施细则》(浙交〔2017〕95号)、《浙江省公路工程全过程阳光造价管理工作指引(试行)》(浙交〔2025〕5号)等文件的有关规定,及××工程概算专项咨询任务书,××公司对××工程两阶段初步设计中的概算进行了专项咨询。现将该工程初步设计概算专项咨询情况报告如下:

一、咨询内容

主要对咨询项目的组织情况及重点审查的内容进行说明。咨询具体内容应包括以下几个方面:编制人员资格、依据、范围及深度、工料机价格、工程和设备等数量、定额运用、专项费用、工程建设其他费用等方面。

二、工程概况

主要说明项目的立项情况与资金来源、技术标准、工程规模、工程方案。工程方案需对路线走向、路基路面、桥梁涵洞、隧道工程、交叉工程、沿线设施及预埋管线、绿化及环境保护工程、其他工程、专项费用等专业进行必要的工程规模、数量及相关设计方案说明。

三、咨询依据

列出主要的国家、部、省级现行的标准、规范、规定、政策及本项目上阶段的批复文件或核准文件等依据。

四、总体评价

对送审概算文件的编制情况进行概括性评价,包括资料完整性、编制深度,以及费率取用、工程量摘取、材料价格取用、定额套用等运用情况。

五、符合性审查

(一)编制深度

说明送审概算内容是否齐全,是否按现行《公路工程建设项目概算预算编制办法》(JTG 3830)规定形成了完整的甲、乙组文件(含数据文件),送审的概算编制深度是否符合现行《公路工程建设项目概算预算编制办法》(JTG 3830)中对初步设计概算的编制要求。

(二)编制人员资格

说明编制人员是否具有公路工程专业注册造价工程师资格。

(三)编制依据

说明送审概算是否符合现行《公路工程建设项目概算预算编制办法》(JTG 3830)中的费率标准、

收费标准、计价定额、计价规范及造价文件编制相关的政策依据等。

(四)初设概算与项目批复(核准)估算比较

说明送审概算与项目批复或核准估算的执行情况。

(五)初步设计审查会专家组意见执行情况

根据初步设计审查会专家组意见对送审的初步设计文件进行核查,指出具体执行情况,并对送审概算的总金额与上阶段的工可批复或核准估算进行比较,核查是否在10%的预控范围内。

六、咨询意见

(一)第一部分　建筑安装工程费

1. 费率

核查各项费率取用的合理性。

2. 人工、材料及施工机械价格

核查送审概算的人工单价是否符合我省补充规定;核查外购材料、机械台班单价取用是否合理,是否符合工程项目实际;核查土石方是否与本项目土石方调配方案匹配并考虑了利用。

3. 临时工程

核查临时工程计价是否满足工程实际需要,临时工程方案是否经济合理。

4. 路基路面工程

核查送审概算的工程数量是否与设计文件数量一致,是否存在多计或漏计等情况;核查路基路面的土石方计价方案与设计土石方调配方案是否一致,计价是否合理;核查特殊路基处理,桥涵台背回填、路基排水工程、路基防护工程计价是否合理,核查挖方、填方、软基处理、排水、防护工程等指标是否符合当前市场实际。

5. 桥涵工程

核查送审概算的工程数量是否与设计文件数量一致,是否存在多计或漏计等情况;核查各项定额套用是否合理,定额计价工程量是否符合工程量计价规则;核查桥梁工程的相关措施费考虑是否妥当,是否与项目实际匹配。核查高墩、高索塔、缆索等高空作业专项措施费用是否妥当,方案与设计图纸是否匹配;核查临时便桥、临时栈桥、水中工作平台等大型临时措施费用是否妥当;核查预制场地费用组成是否合理,分摊指标是否存在偏高情况。

6. 隧道工程

核查送审概算的工程数量是否与设计文件数量一致,是否存在多计或漏计等情况;核查各项定额套用是否合理,定额计价工程量是否符合工程量计价规则。核查隧道洞身开挖土石方调配是否合理,核查隧道洞身初期支护的相关措施费考虑是否妥当,是否与项目实际匹配。

7. 交叉工程

核查送审概算的工程数量是否与设计文件数量一致,是否存在多计或漏计等情况;核查各项定额套用是否合理,定额计价工程量是否符合工程量计价规则;核查互通主线和匝道工程桥梁隧道工程的相关措施费考虑是否妥当,是否与项目实际匹配。核查互通主线段的专业指标与主线路基、路面、桥梁、隧道指标是否匹配。

8. 交通工程及沿线设施工程

核查送审概算的工程数量是否与设计文件数量一致,是否存在多计或漏计等情况;核查各项定额套用是否合理,定额计价工程量是否符合工程量计价规则;核查交安设施及沿线机电设施的各项设备购置费与市场价是否匹配。

9. 绿化及环境保护工程

核查送审概算的工程数量是否与设计文件数量一致,是否存在多计或漏计等情况;核查各项定额套用是否合理,定额计价工程量是否符合工程量计价规则。

10. 其他工程

核查送审概算的工程数量是否与设计文件数量一致,是否存在多计或漏计等情况;核查各项定额套用是否合理,定额计价工程量是否符合工程量计价规则;核查连接线桥梁隧道工程的相关措施费考虑是否妥当,是否与项目实际匹配。核查连接线的各专业指标情况。

11. 专项费用

核查施工场地建设费是否按现行《公路工程建设项目概算预算编制办法》(JTG 3830)规定计,核查安全生产费是否按相关规定计取。

12. 主要经济指标情况

核查送审概算的各项主要经济指标的合理性(建议列表),并对指标异常情况作出原因分析。

(二)第二部分　土地使用及拆迁补偿费

核查送审概算的工程数量是否与设计文件数量一致,是否存在多计或漏计等情况;核查是否提供土地单价组价表,组价表中单价依据是否采用了县级以上人民政府的文件依据,时效性及有效性如何;核查房屋拆迁的计价合理性及依据有效性;核查初步设计概算的新增土地用地计价数量是否在土地批复用地合理范围内等。

(三)第三部分　工程建设其他费

核查建设项目管理费、试验研究费、建设项目前期费和专项评估费、工程保险费等是否按编制办法规定计列,专项评估费是否存在漏项或多计问题。

(四)第四部分　预备费

核查预备费是否按现行《公路工程建设项目概算预算编制办法》(JTG 3830)规定计列。

(五)第五部分　建设期贷款利息

核查贷款利率是否按国家金融机构最新发布的贷款利率计,各年度用款比例是否合理。

七、咨询结果

根据上述咨询意见对送审概算进行调整,提出咨询的概算结果,列出咨询概算与送审概算对照表,并说明与上阶段的工可批复估算或核准估算的差异情况。

××工程
施工图预算专项咨询报告

公司名称：____________________(盖章)

编　制　人：____________________(盖章)

复　核　人：____________________(盖章)

二〇××年××月

××工程
施工图预算专项咨询报告

根据浙江省交通运输厅《浙江省公路水运工程造价管理实施细则》(浙交〔2017〕95 号)等文件的有关规定,及××工程施工图预算专项咨询任务书,××公司对××工程两阶段施工图设计中的预算进行了专项咨询。现将该工程施工图预算专项咨询情况报告如下:

一、咨询内容

主要对咨询项目的组织情况及重点审查的内容进行说明。咨询具体内容应包括以下几个方面:编制人员资格、依据、范围及深度、工料机价格、工程和设备等数量、定额运用、专项费用、工程建设其他费用等方面。

二、工程概况

主要说明项目的立项情况与资金来源、技术标准、工程规模、工程方案。工程方案需对路线走向、路基路面、桥梁涵洞、隧道工程、交叉工程、沿线设施及预埋管线、绿化及环境保护工程、其他工程、专项费用等专业进行必要的工程规模、数量及相关设计方案说明。

三、咨询依据

列出主要的国家、部、省级现行的标准、规范、规定、政策及本项目上阶段的批复文件或核准文件等依据。

四、总体评价

对送审预算文件的编制情况进行概括性评价,包括资料完整性、编制深度,以及费率取用、工程量摘取、材料价格取用、定额套用等运用情况。

五、符合性审查

(一)编制深度

说明送审预算内容是否齐全,是否按现行《公路工程建设项目概算预算编制办法》(JTG 3830)规定形成了完整的甲、乙组文件(含数据文件),送审的预算编制深度是否符合现行《公路工程建设项目概算预算编制办法》(JTG 3830)中对施工图设计的预算编制要求。

(二)编制人员资格

说明编制人员是否具有相应专业的注册造价工程师执业资格。

(三)编制依据

说明送审预算是否符合现行《公路工程建设项目概算预算编制办法》(JTG 3830)中的费率标准、

收费标准、计价定额、计价规范及造价文件编制相关的政策依据等。

(四)施工图预算与项目批复(核准)概算比较

说明送审预算与项目批复概算或核准概算的执行情况。

(五)施工图设计审查会专家组意见执行情况

根据施工图设计审查会专家组意见对送审的施工图文件进行核查,指出具体执行情况,并对送审预算的总金额与批复概算或核准概算进行比较,核查是否在合理的预控范围内。

六、咨询意见

(一)第一部分　建筑安装工程费

1. 费率

核查各项费率取用的合理性。

2. 人工、材料及施工机械价格

核查送审预算的人工单价是否符合我省补充规定;核查外购材料、机械台班单价取用是否合理,是否符合工程项目实际;核查土石方是否与本项目土石方调配方案匹配并考虑了利用。

3. 临时工程

核查临时工程计价是否满足工程实际需要,临时工程方案是否经济合理。

4. 路基路面工程

核查送审预算的工程数量是否与设计文件数量一致,是否存在多计或漏计等情况;核查路基路面的土石方计价方案与设计土石方调配方案是否一致,计价是否合理;核查特殊路基处理,桥涵台背回填、路基排水工程、路基防护工程计价是否合理,核查挖方、填方、软基处理、排水、防护工程等指标是否符合当前市场实际。

5. 桥涵工程

核查送审预算的工程数量是否与设计文件数量一致,是否存在多计或漏计等情况;核查各项定额套用是否合理,定额计价工程量是否符合工程量计价规则。核查桥梁工程的相关措施费考虑是否妥当,是否与项目实际匹配。

6. 隧道工程

核查送审预算的工程数量是否与设计文件数量一致,是否存在多计或漏计等情况;核查各项定额套用是否合理,定额计价工程量是否符合工程量计价规则。核查隧道洞身开挖土石方调配是否合理,核查隧道洞身初期支护的相关措施费考虑是否妥当,是否与项目实际匹配。

7. 交叉工程

核查送审预算的工程数量是否与设计文件数量一致,是否存在多计或漏计等情况;核查各项定额套用是否合理,定额计价工程量是否符合工程量计价规则;核查互通主线和匝道工程桥梁隧道工程的相关措施费考虑是否妥当,是否与项目实际匹配。核查互通主线段的专业指标与主线路基、路面、桥梁、隧道指标是否匹配。

8. 交通工程及沿线设施工程

核查送审预算的工程数量是否与设计文件数量一致,是否存在多计或漏计等情况;核查各项定额套用是否合理,定额计价工程量是否符合工程量计价规则;核查交安设施及沿线机电设施的各项设备购置费与市场价是否匹配。

9. 绿化及环境保护工程

核查送审预算的工程数量是否与设计文件数量一致,是否存在多计或漏计等情况;核查各项定额套用是否合理,定额计价工程量是否符合工程量计价规则。

10. 其他工程

核查送审预算的工程数量是否与设计文件数量一致,是否存在多计或漏计等情况;核查各项定额套用是否合理,定额计价工程量是否符合工程量计价规则;核查连接线桥梁隧道工程的相关措施费考虑是否妥当,是否与项目实际匹配。核查连接线的各专业指标情况。

11. 专项费用

核查施工场地建设费是否按现行《公路工程建设项目概算预算编制办法》(JTG 3830)规定计,核查安全生产费是否按相关规定计取。

12. 主要经济指标情况

核查送审预算的各项主要经济指标的合理性(建议列表),并对指标异常情况作出原因分析。

(二)第二部分　土地使用及拆迁补偿费

核查送审预算的工程数量是否与设计文件数量一致,是否存在多计或漏计等情况;核查是否提供土地单价组价表,组价表中单价依据是否采用了县级以上人民政府的文件依据,时效性及有效性如何;核查房屋拆迁的计价合理性及依据有效性;核查施工图预算的新增土地用地计价数量是否在土地批复用地合理范围内等。

(三)第三部分　工程建设其他费

核查建设项目管理费、试验研究费、建设项目前期费和专项评估费、工程保险费等是否按编制办法规定计列,专项评估费是否存在漏项或多计问题。

(四)第四部分　预备费

核查预备费是否按现行《公路工程建设项目概算预算编制办法》(JTG 3830)规定计列。

(五)第五部分　建设期贷款利息

核查贷款利率是否按国家金融机构最新发布的贷款利率计,各年度用款比例是否合理。

七、咨询结果

根据上述咨询意见对送审预算进行调整,提出咨询的预算结果,列出咨询预算与送审预算对照表,并说明与上阶段批复概算或核准概算的差异。

总估（概、预）算咨询对比表

建设项目名称：　　　　标段：

编制范围：

咨 01 表

要素费用项目编码	工程或费用名称	单位	编制			增减（元）			审核			备注
			数量	金额	技术经济指标	数量	金额	技术经济指标	数量	金额	技术经济指标	

填表说明：

一个建设项目分若干单项工程编制估（概、预）算时，应分别编制汇总和单项工程总估（概、预）算咨询对比表。

编制：　　　　复核：

估(概、预)算咨询对照表

建设项目名称：　　　　　　　　　　　　　　　　　　　　　　　　　　　　　　咨02表

要素费用项目编码	工程或费用名称	送审估(概、预)算	咨询估(概、预)算	核增(减)金额
1	**第一部分　建筑安装工程费**			
101	临时工程			
102	路基工程			
103	路面工程			
104	桥梁涵洞工程			
105	隧道工程			
106	交叉工程			
107	交通工程及沿线设施			
108	绿化及环境保护工程			
109	其他工程			
110	专项费用			
2	**第二部分　土地使用及拆迁补偿费**			
201	土地使用费			
202	拆迁补偿费			
3	**第三部分　工程建设其他费用**			
301	建设项目管理费			
302	试验研究费			
303	建设项目前期工作费			
304	专项评估费			
305	联合试运转费			
306	生产准备费			
307	工程保通管理费			
308	工程保险费			
4	**第四部分　预备费**			
401	基本预备费			
5	**第一至第四部分合计**			
6	**第五部分　建设期贷款利息**			
7	**公路基本造价(预算)**			

主要材料价格调整对照表

建设项目名称：　　　　　　　　　　　　　　　　　　　　　　　　　　咨 03 表

编号	主要材料名称	单位	送审估（概、预）算	咨询估（概、预）算	核增（减）金额

主要材料数量对照表

建设项目名称：　　　　　　　　　　　　　　　　　　　　咨 04 表

编号	主要材料名称	单位	送审估(概、预)算	咨询估(概、预)算	核增(减)金额

总估(概、预)算表

建设项目名称：　　　　　　　　　　　　　　　　　　　　　　　　　　　　咨 05 表

要素费用项目编码	工程或费用名称	单位	总数量	××项目			汇总		
				数量	金额（元）	技术经济指标	数量	金额（元）	技术经济指标
1	第一部分　建筑安装工程费								
101	临时工程								
10101	临时道路								
1010101	临时便道(修建、拆除与维护)								
1010102	原有道路的维护与恢复								
	……								

编制：　　　　　　　　　　　　　　　　　　复核：

附录2　工程量清单预算文件标准化表式

________________项目

__________标段

工程量清单预算

招标人：＿＿＿（全称）＿＿＿（单位盖章）

编制时间：××年××月××日

（封面）

________________________项目

________________标段

工程量清单预算

编　制　人：____（全称）____（签字并盖章）

复　核　人：________（签字并盖章）

编制单位：________（盖章）

编制时间：××年××月××日

（扉页）

目　　录

清单表2 工程量清单汇总表

项目名称：________________ 标段：________

序号	章次	科目名称	金额(元)
1	100	总则	
2	200	路基工程	
3	300	路面工程	
4	400	桥梁、涵洞工程	
5	500	隧道工程	
6	600	交通安全设施	
7	700	绿化及环境保护工程	
8	800	管理、养护设施	
9	900	管理、养护及服务房屋	
10	第100章至第900章清单合计		
11	已包含在清单合计中的材料、工程设备、专业工程暂估价合计		
12	计日工合计		
13	暂列金额 13 =（10 − 9 − 11）× A%		
14	投标价 14 =（10 + 12 + 13）		

注：1. A 由招标人根据工程建设规模和实际工程特点填写，计取范围为3～5。
2. 第900章管理、养护及服务房屋金额数据自根据现行浙江省建设工程计价依据及相关规定编制的“招标控制价(投标报价)费用表”中结转。

清单表3 工程量清单表

项目名称：________ 标段：________ 第 页 共 页

清单 第___章________					
清单子目编码	清单子目名称	单位	工程数量	单价(元)	合价(元)
清单 第___章合计 人民币________元					

清单表4 计日工劳务表

项目名称：________________ 标段：________

编号	子目名称	单位	暂定数量	单价(元)	合价(元)
101	班长	h			
102	普通工	h			
103	焊工	h			

续上表

编号	子目名称	单位	暂定数量	单价(元)	合价(元)
104	电工	h			
105	混凝土工	h			
106	木工	h			
107	钢筋工	h			
	……				
劳务小计金额__________元(计入"计日工汇总表")					
注:根据具体工程情况,也可用天数作为计日工劳务单位。					

清单表5　计日工材料表

项目名称:____　　标段:______________

编号	子目名称	单位	暂定数量	单价	合价
201	水泥	t			
202	钢筋	t			
203	钢绞线	t			
204	沥青	t			
205	木材	m^3			
206	砂	m^3			
207	碎石	m^3			
208	片石	m^3			
	……				
材料小计金额__________元(计入"计日工汇总表")					

清单表6　计日工施工机械表

项目名称:____　　标段:______________

编号	子目名称	单位	暂定数量	单价	合价
301	装载机				
301-1	$1.5m^3$以下				
301-2	$1.5 \sim 2.5m^3$				
301-3	$2.5m^3$以上				
302	推土机				
302-1	90kW 以下				
302-2	90～180kW				
302-3	180kW 以上				
	……				
施工机械小计金额__________元(计入"计日工汇总表")					

清单表7　计日工汇总表

项目名称：______________________　　　　　标段：__________

名称	金额	备注
1. 劳务		
2. 材料		
3. 施工机械		
计日工总计________元(计入“投标报价汇总表”)		

清单表8　材料暂估价表

项目名称：______________________　　　　　标段：__________

序号	名称	单位	数量	单价	合价	备注

清单表9　工程设备暂估价表

项目名称：______________________　　　　　标段：__________

序号	名称	单位	数量	单价	合价	备注

清单表10　专业工程暂估价表

项目名称：______________________　　　　　标段：__________

序号	专业工程名称	工程内容	金额

清单表 11　工程量清单单价分析表

序号	编码	子目名称	人工费			材料费						机械使用费	其他	管理费	税费	利润	综合单价
						主材				辅材费	金额						
			工日	单价	金额	主材耗量	单位	单价	主材费								

清单表 12　分项工程量清单表

建设项目名称：　　　　　　　　标段：　　　　　　　　第　　页　共　　页

编制范围：

要素费用项目编码	子目编码	工程或费用名称（或清单子目名称）	单位	数量 1	数量 2	单价 1（元）	单价 2（元）	合价（元）	各项费用比例	备注
1		第一部分　建筑安装工程费	公路公里							
101		临时工程	公路公里							
10101		临时道路	km							
	103	临时工程与设施								
	103-1	临时道路								
	103-1-1	临时道路修建、养护与拆除	总额							
		……								
102		路基工程	km							
10201		场地清理	km							
10202		清理与掘除	km/m^2							
		……								
7		公路基本造价	公路公里							

编制：　　　　　　　　　　　　复核：

清单表 13　标段划分与批复概算对应关系表

建设项目名称：　　　　　　　　　　　　　　标段：

要素费用项目编码	工程或费用名称	批复概算(万元)	已招标建安工程(万元)		本次招标建安工程(万元)		剩余建安工程对应的概算(万元)	备注
			对应概算累计	清单预算累计	对应概算	清单预算		
1	第一部分　建筑安装工程费							
101	临时工程							
102	路基工程							
103	路面工程							
104	桥梁涵洞工程							
105	隧道工程							
106	交叉工程							
107	交通工程及沿线设施							
108	绿化及环境保护工程							
109	其他工程							
110	专项费用							
	……							
合计								

编制：　　　　　　　　　　　　　　复核：

清单表 14　工程量清单各标段汇总表

建设项目名称：

清单子目编码	清单子目名称	单位	××合同段		××合同段		××合同段	
			工程数量	单价（元）	工程数量	单价（元）	工程数量	单价（元）

编制：　　　　　　　　　　　　　　　　复核：

附录 3　计量与支付文件标准化表式

目　　录

浙路(JL)101

计量支付月报表

支付期号：____________________

截止日期：______年______月______日

建设单位：____________________

承包单位：____________________

监理单位：____________________

______年______月______日

计量支付报表传递单

支付期号：________　　　　　　　　浙路(JL)102

至驻地监理： 根据合同条款第______条，现报上第______期支付报表请予审核。	
项目经理(签字)(公章)　　　　　　　　年　月　日	
驻地监理办公室	
收件人(签字)　　　　　　　　年　月　日	
驻地监理意见 签字：　　　　年　月　日	
发自：驻地监理办公室	
致：业主 我们已经审核批准了第________合同段承包人递交的第________期中期计量支付证书，现报上支付证书一式________份，请根据合同条款规定审核支付。 驻地监理办公室(公章)	
业主收件人(签字)　　　　　　　　年　月　日	
业主代表审核	(公章)签名：　　　　年　月　日

中期财务支付证书

承包单位：________________________ 浙路(JL)104-1

支付期号：________________________ 截止日期：______年____月____日

清单号	项目内容	合同价及变更金额 （万元）			到本期末完成 （万元）		到上期末完成 （万元）		本期完成 （万元）	
100	总则	合同金额	变更总金额	变更后总金额	金额	其中变更额	总金额	其中变更额	总金额	其中变更额
200	路基工程									
300	路面工程									
400	桥梁、涵洞工程									
500	隧道工程									
600	交通安全设施									
700	绿化及环境保护工程									
800	管理养护设施									
暂定										
小计										
价格调整										
合计										
索赔调整										
违约罚金										
迟付款利息										
动员预付款										
扣回动员预付款										
材料设备垫付款										
扣回材料设备垫付款										
保留金										
实际支付										

业主代表： 驻地监理工程师： 合同监理工程师： 项目经理： 制表：

编制日期：________年____月____日

清单中期支付报表

浙路(JL)105

支付期号:____________　　共____页　第____页　　截止日期:______年____月____日

项目编号	项目内容	计量单位	合同数量			累计完成占合同(%)	到本期末完成		到上期末完成		本期完成	
			数量	单价(元)	金额(元)		数量	金额(元)	数量	金额(元)	数量	金额(元)
甲	乙	丙	A	B	$C=A\times B$	$D=F/C$	E	$F=B\times E$	G	$H=B\times G$	I	$J=B\times I$
合计												

驻地监理工程师:　　合同监理工程师:　　项目经理:　　制表:

清单中期支付明细表

浙路(JL)105-1

支付期号:＿＿＿＿＿＿＿＿　　共＿＿页　第＿＿页　　截止日期:＿＿＿年＿＿月＿＿日

要素费用项目编码	清单子目编号	工程或费用名称	计量单位	合同数量			累计完成	到本期末完成		到上期末完成		本期完成	
				数量	单价（元）	金额（元）	占合同（%）	数量	金额（元）	数量	金额（元）	数量	金额（元）
甲	乙	丙	丁	A	B	$C=A\times B$	$D=F/C$	E	$F=B\times E$	G	$H=B\times G$	I	$J=B\times I$
合计													

填表说明:

1. 本表按《浙江省公路工程全过程造价编码标准化指南》中分项清单编码格式文件要求进行编制。
2. 要素费用项目编码层级根据项目管理要求进行确定,但不能低于竣工决算编码层级要求。

驻地监理工程师:　　合同监理工程师:　　项目经理:　　制表:

清单工程量变更一览表

浙路(JL)106

承包单位：____________ 截止日期：____年____月____日 支付期号：________ 共____页 第____页

清单号	变更内容	计量单位	合同清单			到本期末变更后		到上期末变更累计(±)		本期变更(±)		批准文号
			单价	数量	金额(元)	数量	金额(元)	数量	金额(元)	数量	金额(元)	
合计												

编制日期：____年____月____日 驻地监理工程师： 合同监理工程师： 项目经理：

清单单价变更一览表

浙路(JL)107

承包单位:______ 截止日期:____年____月____日 支付期号:______ 共____页 第____页

清单号	变更内容	计量单位	合同清单			到本期末变更后		到上期末变更累计(±)		本期变更(±)		批准文号
			单价	数量	金额(元)	数量	金额(元)	数量	金额(元)	数量	金额(元)	
合计												

编制日期:____年____月____日 驻地监理工程师: 合同监理工程师: 项目经理:

永久性工程材料差价金额一览表

浙路(JL)108

承包单位:________ 截止日期:____年___月___日 支付期号:________ 共___页 第___页

序号	材料名称	单位	基本(合同)价格		现行(同意调整)价格		差价(±)		材料来源或现场计量表编号	批准文号
			合计价	其中:综合费	合计价	其中:综合费	单价	总金额		
合计										

编制日期:____年____月____日 材料科长: 制表:

工程材料到达现场计量表

浙路(JL)109

承包单位：＿＿＿＿＿＿　　截止日期：＿＿年＿＿月＿＿日　　支付期号：＿＿＿＿　　共＿＿页　第＿＿页

序号	材料名称	单位	数量	单价	金额	按合同规定预付总金额的（　）%(元)	材料来源	进料发票(单据)号	质保书编号	抽查报告编号
甲	乙	丙	A	B	$C=A\times B$					
合计										

编制日期：＿＿年＿＿月＿＿日　　材料科长：　　制表：

注：本表附进料发票复印件　　份。

扣回材料垫付款一览表

浙路(JL)110

承包单位:________ 截止日期:____年____月____日 支付期号:________ 共____页 第____页

日期		累计预付金额(元)			本期预付金额(元)			到本期末回扣金额(元)			到上期末回扣金额(元)			本期回扣金额(元)		
年	月	合计	材料款	设备款	合计	材料款	设备款	合计	材料款	设备款	合计	材料款	设备款	合计	材料款	设备款
合计																

编制日期:____年____月____日 合同监理工程师: 材料科长: 制表:

扣回动员预付款一览表

承包单位：____________________ 浙路(JL)111

支付期号：____________________ 截止日期：______年____月____日

<table>
<tr><td colspan="2">A. 本合同段合同总价(人民币)：</td></tr>
<tr><td colspan="2">B. 动员预付款合同总价的(　　)%金额(人民币)：</td></tr>
<tr><td colspan="2">C. 到第(　　)支付期末累计完成支付金额(人民币)：</td></tr>
<tr><td colspan="2">D. 按照招标文件规定，在达到签约合同的30%(即______元)之后，开始按工程进度以固定比例扣回</td></tr>
<tr><td colspan="2">E. 本合同段合同期限：______个月</td></tr>
<tr><td colspan="2">F. 已付动员预付款(人民币)：</td></tr>
<tr><td colspan="2">G. 每月应扣回动员预付款：$G = B \times (C_{本期末} - C_{上期末}) / A \times 2$</td></tr>
<tr><td rowspan="3">扣除金额</td><td>到本期末累计已回扣金额(人民币)：</td></tr>
<tr><td>到上期末累计已回扣金额(人民币)：</td></tr>
<tr><td>本期回扣金额(人民币)：</td></tr>
<tr><td>备注</td><td></td></tr>
</table>

合同监理工程师：　　　　　　计量负责人：　　　　　　制表：

工程计量表

承包单位：________　　合同号：________　　浙路(JL)112

监理单位：________　　制表计算：________

支付期号：________　　本期　共____页　第____页

支付基础上编号		项目名称	
起讫桩号		部位	
图号		质检单编号	

计算草图及几何尺寸：

承包人工地(或单位工程)负责人签字		专业监理工程师签字	

计算式：

工程量清单号				
计量单位				
工程数量				

承包人计量负责人签字、日期		合同监理工程师签字、日期	

填表人：　　　　日期：

注：计算草图，计算式或计算表填不下时，可另附页。

计量支付数量汇总表

浙路(JL)113

制表：____________________

支付期号：________________　　共____页　第____页　　日期：____________

项目编号	项目名称	计量表编号	单位	单价	数量	金额
本页小计						
合计						
计量负责人签字、日期			合同监理工程师签字、日期			

注：本表系按本期工程计量单顺序号进行累计统计汇总。

开工动员预付款支付证书

承包单位：____________　　合同号：____________　　浙路(JL)115

监理单位：____________　　编号：____________

日期：____年___月___日

<table>
<tr><td colspan="4">致总(驻地)监理工程师：
按合同约定本项目经理部已完成：
1. 提交了履约担保并签订了合同协议书；
2. 提交了开工预付款担保。
按合同条款(60.5)和投标书附录中规定的开工预付款的金额________元，请予审核支付。

(公章)项目经理：　　　　日期：</td></tr>
<tr><td colspan="4">附件：履约担保和开工预付款担保文件复印件(正本存业主处)。</td></tr>
<tr><td>监理审核意见</td><td colspan="3">
(公章)审核人：　　　　日期：</td></tr>
<tr><td>业主审核意见</td><td colspan="3">
(公章)审核人：　　　　日期：</td></tr>
<tr><td>支付情况简述</td><td></td><td>扣回规定概述</td><td></td></tr>
</table>

注：本证书一式三份，业主、监理、承包人各存一份。

合同价格调整表

（编号：[　　　　　　　　　　]）

截止日期：______年____月____日　　　　浙路(JL)116

承包人：________________　制表人：____________________　合同号：______________

监理单位：______________　监理工程师：_______________

$$\Delta P = P_0\left[A + \left(B_1 \times \frac{F_{t1}}{F_{01}} + B_2 \times \frac{F_{t2}}{F_{02}} + B_3 \times \frac{F_{t3}}{F_{03}} + \cdots\cdots + B_n \times \frac{F_{tn}}{F_{0n}}\right) - 1\right]$$

公式参照《公路工程标准施工招标文件》说明进行计算。

式中符号	符号说明	加权系数	现行价格指数	基本价格指数	计算值
		A	F_t	F_0	$A \times F_t / F_0$
	非调因子	0.35	100	100	0.35
B_1	钢材				
B_2	水泥				
B_3	砂石料				
B_4	其他材料				
	……				
	应调整金额	ΔP(元)			

________年第____季度第200章至第900章费用的累计金额____ΔP(元)____

承包人计量负责人：　　　　　　　　合同监理工程师：

附录4　工程变更费用文件标准化表式

1. 概算预算形式

××公路工程设计变更概(预)算

(K××+×××~K××+×××)

(变更编号)

编制单位:______________(盖章)

编制时间:××年××月××日

(封面)

××公路工程设计变更概(预)算

(K××+×××~K××+×××)

(变更编号)

编 制 人:________________(签字并盖章)

复 核 人:________________(签字并盖章)

编制单位:________________(盖章)

编制时间:××年××月××日

(扉页)

目　　录

××变更费用对比表

建设项目名称：

编制范围：　　　　变更编号：　　　　第　　页　共　　页　　　　变更概(预)1 表

要素费用项目编码	工程或费用名称	单位	变更前			变更后			变更增(减)			备注
			数量	技术经济指标	合价(元)	数量	技术经济指标	合价(元)	数量	技术经济指标	合价(元)	
1	2	3	4	5	6	7	8	9	10 = 7 − 4	11 = 12/10	12 = 9 − 6	13
												是否新增单价

编制：　　　　复核：

××变更人工、材料、设备、机械的数量、单价对比表

建设项目名称：

编制范围： 变更编号： 第 页 共 页 变更概(预)2表

序号	规格名称	单位	变更前			变更后			变更增(减)			备注
			数量	概(预)算单价	合价	数量	概(预)算单价	合价	数量	概(预)算单价	合价	
1	2	3	4	5	6	7	8	9	10=7-4	11=8-5	12=9-6	13
	人工合计											
	材料合计											
	设备费合计											
	机械费合计											

编制： 复核：

2. 工程量清单形式

××公路工程第××合同段

(K××+×××~K××+×××)

设计变更费用文件

(变更编号)

编制单位：________________(盖章)

编制时间：××年××月××日

(封面)

××公路工程第××合同段

(K××+×××~K××+×××)

设计变更费用文件

(变更编号)

发 包 人：＿＿＿＿＿＿＿＿＿＿(单位盖章)

监 理 人：＿＿＿＿＿＿＿＿＿＿(单位盖章)

承 包 人：＿＿＿＿＿＿＿＿＿＿(单位盖章)

××年××月××日

(扉页)

目　　录

××变更工程量清单对比汇总表

建设项目名称：　　　　　　　　　　　合同段：

编制范围：　　　　　　　　　　　　　变更编号：　　　　　　　变更清单1表

序号	子目编码	子目名称	变更前金额（元）	变更后金额（元）	增减金额（元）
1	100	100章　总则			
2	200	200章　路基工程			
3	300	300章　路面工程			
4	400	400章　桥梁、涵洞工程			
5	500	500章　隧道工程			
6	600	600章　交通安全设施			
7	700	700章　绿化及环境保护工程			
8	800	800章　管理、养护设施			
9	900	900章　管理、养护及服务房屋			
10	1000	1000章　其他工程			
	……	……			
	001	各章合计			
	002	计日工合计			
	003	暂列金额			
	004	总价004=(001+002+003)			

编制：　　　　　　　　　　　　　　　复核：

××变更工程量清单对比表

建设项目名称：　　　　　　　　合同段：

编制范围：　　　　　　　　变更编号：　　　　　　第　　页　共　　页　　　　　　变更清单1-1表

清单子目编码	清单子目名称	单位	变更前			变更后			增减			备注
			数量	单价（元）	合价（元）	数量	单价（元）	合价（元）	数量	单价（元）	合价（元）	

编制：　　　　　　　　　　　　　　　　复核：

××变更新增清单子目单价表

建设项目名称：　　　　　　　　合同段：

编制范围：　　　　　　　　截止日期：　　　　　　　　第　　页　共　　页　　　　　　　　变更清单1-2表

清单子目编码	清单子目名称	单位	申报			批复			备注
			数量	单价(元)	合价(元)	数量	单价(元)	合价(元)	
1	2	3	4	5	6=4×5	7	8	9=7×8	10

编制：　　　　　　　　　　　　　　　　复核：

× ×变更分项工程量清单对比表

建设项目名称：　　　　　　　　　合同段：

编制范围：　　　　　　　　　　　变更编号：　　　　　　　　第　　页　共　　页　　　　　　　变更清单 2 表

要素费用项目编码	清单子目编码	工程或费用名称（或清单子目名称）	单位	变更前			变更后			增减			备注
				数量	单价（元）	合价（元）	数量	单价（元）	合价（元）	数量	单价（元）	合价（元）	

编制：　　　　　　　　　　　　　　　　　　　　　　　复核：

3. 工程变更汇总文件标准化表式

××公路工程××合同段

工程变更费用汇总文件

编制单位：________________（盖章）

编制时间：××年××月××日

（封面）

××公路工程××合同段

工程变更费用汇总文件

发 包 人：____________________（单位盖章）

监 理 人：____________________（单位盖章）

承 包 人：____________________（单位盖章）

××年××月××日

（扉页）

目　　录

××合同段工程变更台账表

建设项目名称：　　　　　　　　　　合同段：

编制范围：　　　　　　　　　　数据截止时间：　　　　　　第　　页　共　　页　　　　　　变更台账 1-i 表

序号	变更编号	变更工程名称	变更原因及主要内容	变更发生时间	变更费用(元)			变更依据（附件）	备注
					变更前	增减	变更后		
合计									

填表说明：

1. 此表按合同段逐一填报，含重大、较大、一般等所有工程变更，“合计”栏数据应与竣 3-1-i 表、竣 4-1-i 表中相应数据闭合。
2. 变更编号为项目管理建设管理单位编制的变更号，备注栏一般填写批复文件号。
3. 变更工程名称按《浙江省公路工程全过程造价编码标准化指南》中的临时工程、路基工程等单项工程分类，也可以按单次变更工程桩号范围、内容分类。
4. 本表应按合同段为单位编制，汇总各合同段数据至台账 4-1 表。
5. “变更原因及主要内容”列应简要阐述。

编制：　　　　　　　　　　　　　　　　　　复核：

××合同段变更新增清单子目单价汇总表

建设项目名称：　　　　数据截止日期：　　　　第　　页　共　　页　　　　变更台账 2-*i* 表

清单子目编码	清单子目名称	单位	数量	单价(元)	合价(元)
1	2	3	4	5	6 = 4 × 5
新增变更子目项合计					

编制：　　　　　　　　　　　　复核：

工程变更工程量清单汇总对比表

建设项目名称：　　　　　　　　　合同段：

编制范围：　　　　　　　　　　　截止日期：　　　　　　　　变更清单总 1-*i* 表

<table>
<tr><th>序号</th><th>子目编码</th><th>子目名称</th><th>变更前金额
（元）</th><th>变更后金额
（元）</th><th>增减金额
（元）</th></tr>
<tr><td>1</td><td>100</td><td>100 章　总则</td><td></td><td></td><td></td></tr>
<tr><td>2</td><td>200</td><td>200 章　路基工程</td><td></td><td></td><td></td></tr>
<tr><td>3</td><td>300</td><td>300 章　路面工程</td><td></td><td></td><td></td></tr>
<tr><td>4</td><td>400</td><td>400 章　桥梁、涵洞工程</td><td></td><td></td><td></td></tr>
<tr><td>5</td><td>500</td><td>500 章　隧道工程</td><td colspan="3" rowspan="4">填表说明：
本表是某合同段全部变更工程或整个建设项目的变更工程的统计，其数据来源于单项变更批复的变更清单 2 表。当作为整个建设项目的变更工程统计时，编号为“变更清单总 2 表”。</td></tr>
<tr><td>6</td><td>600</td><td>600 章　交通安全设施</td></tr>
<tr><td>7</td><td>700</td><td>700 章　绿化及环境保护工程</td></tr>
<tr><td>8</td><td>800</td><td>800 章　管理、养护设施</td></tr>
<tr><td></td><td>……</td><td>……</td><td></td><td></td><td></td></tr>
<tr><td></td><td></td><td></td><td></td><td></td><td></td></tr>
<tr><td></td><td></td><td></td><td></td><td></td><td></td></tr>
<tr><td></td><td></td><td></td><td></td><td></td><td></td></tr>
<tr><td></td><td></td><td></td><td></td><td></td><td></td></tr>
<tr><td></td><td></td><td></td><td></td><td></td><td></td></tr>
<tr><td></td><td>001</td><td>各章合计</td><td></td><td></td><td></td></tr>
<tr><td></td><td>002</td><td>计日工合计</td><td></td><td></td><td></td></tr>
<tr><td></td><td>003</td><td>暂列金额</td><td></td><td></td><td></td></tr>
<tr><td></td><td>004</td><td>总价 004 =（001 + 002 + 003）</td><td></td><td></td><td></td></tr>
</table>

编制：　　　　　　　　　　　　　　　　复核：

工程变更工程量清单对比表

建设项目名称：　　　　　　　　　　合同段：

编制范围：　　　　　　　　　　截止日期：　　　　　　　　第　　页 共　　页　　　　　　变更清单总 1-1-i 表

清单子目编码	清单子目名称	单位	变更前			变更后			增减			备注
			数量	单价（元）	合价（元）	数量	单价（元）	合价（元）	数量	单价（元）	合价（元）	

填表说明：

本表是某合同段全部变更工程或整个建设项目的变更工程的统计，其数据来源于单项变更批复的变更清单 2-1 表。当作为整个建设项目的变更工程统计时，编号为“变更清单总 2-1 表”。

编制：　　　　　　　　　　　　　　　　复核：

工程变更项目分项清单对比表

建设项目名称：　　　　　　　　　　合同段：

编制范围：　　　　　　　　　　截止日期：　　　　　　　第　　页　共　　页　　　　　　变更清单总 1-2-i 表

要素费用项目编码	清单子目编码	工程或费用名称（或清单子目名称）	单位	变更前			变更后			增减		
				数量	单价（元）	合价（元）	数量	单价（元）	合价（元）	数量	单价（元）	合价（元）

填表说明：

本表是某合同段全部变更工程或整个建设项目的变更工程的统计，其数据来源于单项变更批复的变更清单1表。当作为整个建设项目的变更工程统计时，编号为“变更清单总1表”。

编制：　　　　　　　　　　　　　　　　　　复核：

附录 5　造价管理台账标准化表式

目　　录

造价台账汇总表

建设项目名称：　　　　　　数据截止日期：　　　　　　第　　页　共　　页　　　　　　台账1表

要素费用项目编码	工程或费用名称	单位	设计概算		施工图预算		工程量清单预算		合同工程量清单		工程变更费用		本期末完成		备注
			工程数量	批复概算（万元）	工程数量	批复预算（万元）	工程数量	工程量清单预算费用（万元）	工程数量	合同费用（万元）	工程数量	工程费用（万元）	工程数量	工程投资（万元）	
1	2	3	4	5	6	7	8	9	10	11	12	13	14	15	16
	第一部分　建筑安装工程费	公路公里													
101	临时工程	公路公里													
10101	临时道路	km													
	……														
	公路基本造价	公路公里													

填表说明：

1. 初步设计阶段应按批复初步设计概算价、初步设计的标准费用项目编制，标准费用项目应符合《浙江省公路工程全过程造价编码标准化指南》的规定。数据结构应衔接初步设计概算数据链文件。
2. 施工图设计阶段应按批复施工图预算价、施工图设计的标准费用项目编制，标准费用项目应符合《浙江省公路工程全过程造价编码标准化指南》的规定。数据结构应衔接施工图设计预算数据链文件。
3. 招标清单预算阶段应按审定的或备案确定的招标清单预算价、清单的标准费用项目编制，标准费用项目应符合《浙江省公路工程全过程造价编码标准化指南》的规定。数据结构应衔接清单预算数据链文件。
4. 合同工程量清单阶段：以合同文件为依据，按合同阶段的标准费用项目编制。数据结构应衔接合同清单数据链文件。
5. 工程变更包含：批复的以合同为界面的合同价格调整，可包括设计变更、物价波动和法律变化、工程数量变化、加速施工、暂停施工、暂估价和计日工价格调整，以及合同约定的其他调整内容。数据结构应衔接其他台账数据和闭合。
6. 本期末完成的投资的数据结构应衔接计量报表数据链。
7. 本表适用于常规项目，当以工可或初步设计为基础的设计施工总包或其他管理模式时，本表可根据项目特点调整。

编制：　　　　　　　　　　　　　　复核：

中标价与标底或最高投标限价对比表

建设项目名称：　　　　数据截止日期：　　　　第　　页　共　　页　　　　台账2表

序号	工程类别	标段名称	标段长度（km）	主要工程内容	招标清单预算（元）	标底或最高投标限价（元）	中标价（元）	开标日期	中标下浮率（%）	中标单位	备注
一	设计										
1											
二	监理										
1											
三	施工										
1											
2											
3											
4											
5											
6											
7											
8											
9											
10											
11											
12											
四	其他										
合计											

填表说明：

1. 下浮率(中标价下浮率)＝1－中标价/最高投标限价。
2. 工程类别原则按照设计、监理、施工、其他等分类统计，其中施工招标分类具体按实际招标划分类别(如土建、机电等)填写。
3. 工程主要内容主要填写本标段起始桩号范围及主要构造物规模。

编制：　　　　　　　　复核：

合同支付台账表

建设项目名称：　　　　　　数据截止日期：　　　　　　第　　页　共　　页　　　　　　台账 3 表

序号	合同类别	合同编号	合同名称	签约单位	合同金额（元）	结算金额（元）	累计应扣款（元）	累计应支付（元）	累计已支付（元）	待支付（元）	支付比例（%）	备注
1	2	3	4	5	6	7	8	9 = 7 − 8	10	11 = 9 − 10	12 = 10/9	13
合计												

填表说明：

1. 本表应完整地将建设项目的合同、协议发生的费用和支付情况一一列出，以便及时了解合同履约情况，并应根据合同实际履约情况及时更新。
2. 备注栏可说明是否签订结算、超支付原因及其他需说明的情况。

编制：　　　　　　　　　　　　　　　　复核：

工程变更台账分类汇总表

建设项目名称：　　　　数据截止日期：　　　　第　　页　共　　页　　　　台账 4-1 表

序号	合同段	变更工程名称	变更原因及主要内容	批复文号	变更费用(元)			备注
					变更前	增减	变更后	
1		2	3	8	12	14	16	17
一		重大变更						
1				填表说明：对于重大、较大设计变更，应在备注栏填写批复单位。				
		……						
		小计						
二		较大变更						
1								
		……						
		小计						
三		一般变更						
1								
		……						
		小计						

编制：　　　　　　　　复核：

工程变更台账汇总表

建设项目名称：　　　　数据截止日期：　　　　第　　页　共　　页　　　　台账 4-2 表

序号	合同段	变更份数	变更费用(元)			备注
			变更前	增减	变更后	
	合同段变更统计					
1	××合同段					
2	××合同段					
	……					
	合计					

编制：　　　　　　　　复核：

新增清单子目单价汇总表

建设项目名称：　　数据截止日期：　　第　页　共　页　　台账5表

清单子目编码	清单子目名称	单位	××合同段			××合同段			……
			数量	单价	合价	数量	单价	合价	
1	2	3	4	5	6	7	8	9	10
	合计								

编制：　　复核：

公路工程造价从业人员汇总表

建设项目名称：　　　　数据截止日期：　　　　第　　页　共　　页　　　　台账6表

序号	姓名	技术职称	所在部门及职务	本项目在岗时间	持证情况			继续教育情况			备注
					证件名称	证件编号	注册单位	培训时间	培训单位	培训证明	
一	建设管理单位										
1											
2											
3											
二	监理单位										
三	设计单位										
四	施工单位										
五	其他										

填表说明：

1. 本表填写在本项目就职的所有造价人员情况。其中，获得注册造价工程师证书的人员填写持证情况。
2. 同时拥有不同等级证书的，仅需填写最高等级证书，同时具有不同专业资格证书的均需填写。
3. 继续教育情况栏主要填写个人接受的有关工程造价资格及业务培训情况。继续教育情况可填最近一次的情况。
4. 建设单位应对参建各方造价从业人员进行定期统计、核查，汇编成本表，数据来源于“台账6-i表”。

编制：　　　　　　　　复核：

××合同段工程造价台账表

建设项目名称：　　　　合同段：

编制范围：　　　　数据截止日期：　　　　第　　页　共　　页　　　　台账 1-i 表

要素费用项目编码	清单子目编码	工程或费用名称（或清单子目名称）	单位	合同			工程变更			本期末完成			备注
				数量	单价（元）	合价（元）	数量	单价（元）	合价（元）	数量	单价（元）	合价（元）	

填表说明：

工程变更包含：以合同为界面的合同价格调整，可包括设计变更、物价波动和法律变化、工程数量变化、加速施工、暂停施工、暂估价和计日工价格调整，以及合同约定的其他调整内容。设计变更反映费用项目数量变化，其他为单价或费用的变化。

编制：　　　　复核：

××合同段公路工程造价从业人员汇总表

建设项目名称：　　　　合同段：

编制范围：　　　　数据截止日期：　　　　第　　页　共　　页　　　　台账 6-i 表

序号	姓名	技术职称	所在部门及职务	本项目在岗时间	持证情况			继续教育情况			备注
					证件名称	证件编号	注册单位	培训时间	培训单位	培训证明	

填表说明：

1. 本表填写在本合同段就职的所有造价人员情况。其中，获得注册造价工程师证书的人员填写持证情况。
2. 同时拥有不同等级证书的，仅需填写最高等级证书，同时具有不同专业资格证书的均需填写。
3. 继续教育情况栏主要填写个人接受的有关工程造价资格及业务培训情况。继续教育情况可填最近一次的情况。
4. 各单位应对本单位造价从业人员进行定期统计、核查，若有变化应上报建设单位进行汇总更新。

编制：　　　　　　复核：

附录 6　工程结算文件标准化表式

××公路工程施工合同
结算工程量清单文件
××合同段

发 包 人：＿＿＿＿＿＿＿＿＿＿（单位盖章）

监 理 人：＿＿＿＿＿＿＿＿＿＿（单位盖章）

承 包 人：＿＿＿＿＿＿＿＿＿＿（单位盖章）

××年××月××日

（封面）

××公路工程施工合同
结算工程量清单文件
××合同段

编　　制：＿＿＿＿＿＿＿＿＿＿＿（签字并盖章）

复　　核：＿＿＿＿＿＿＿＿＿＿＿（签字并盖章）

编制单位：＿＿＿＿＿＿＿＿＿＿＿＿＿＿＿（盖章）

编制时间：××年××月××日

（扉页）

目 录

工程量清单结算汇总表

建设项目名称：　　　　　　　　合同段：

编制范围：　　　　　　　　第　页　共　页　　　　　　建安结1表

序号	子目编码	子目名称	金额(元)
1	100	100章　总则	
2	200	200章　路基工程	
3	300	300章　路面工程	
4	400	400章　桥梁、涵洞工程	
5	500	500章　隧道工程	
6	600	600章　交通安全设施	
7	700	700章　绿化及环境保护工程	
8	800	800章　管理、养护设施	
	……	……	
	001	各章合计	
	002	计日工合计	
	003	暂列金额	
	004	总价004 =(001 +002 +003)	

编制：　　　　　　　　　　　　复核：

工程量清单结算表

建设项目名称：　　　　　　　　　　合同段：

编制范围：　　　　　　　　　　　　第　　页　共　　页　　　　　　建安结 1-1 表

清单子目编码	清单子目名称	单位	合同			变更			结算			备注
			数量	单价（元）	合价（元）	数量	单价（元）	合价（元）	数量	单价（元）	合价（元）	
100	100 章小计											
200	200 章小计											
合计												

填表说明：

本表应按单一合同段逐一编制。

编制：　　　　　　　　　　　　　　复核：

计日工结算汇总表

建设项目名称：　　　　　　　　合同段：

编制范围：　　　　　　　　第　　页 共　　页　　　　　　建安结1-2表

编号	子目名称	单位	合同			变更			结算			备注
			数量	单价（元）	合价（元）	数量	单价（元）	合价（元）	数量	单价（元）	合价（元）	
费用合计												

填表说明：

1. 本表用于计日工的结算。
2. 结算来源于建安结1-2-1表。
3. “备注”栏说明结算与合同变化的依据及原因。

编制：　　　　　　　　　　　　　　复核：

材料价差调整结算统计表

建设项目名称：　　　　　　　　合同段：

编制范围：　　　　　　　　第　　页　共　　页　　　　　　建安结 1-3 表

序号	调整依据	调整时间	价差调整费用(元)	备注
合计				

填表说明：

1. 本表用于价差调整的合同价格调整。
2. 材料的编码按《公路工程预算定额》(JTG/T 3832—2018)附录四的规定代号填写。
3. 表中数据来源于建安结 1-3-1 表，其中调整时间反映调整起止时间段。

编制：　　　　　　　　　　　　复核：

工程项目索赔结算汇总表

建设项目名称：　　　　　　　　合同段：

编制范围：　　　　　　　　第　　页　共　　页　　　　　　建安结1-4表

序号	索赔项目名称	索赔单编号	发生日期	索赔金额(元)	赔偿金额(元)	索赔原因	批准文号
1							
2							
	合计						

填表说明：

本表用于工程项目索赔的结算，索赔应严格按合同约定或有关规定执行，表中数据应来源于具体项索赔的批复资料。

编制：　　　　　　　　　　　　复核：

其他费用结算汇总表

建设项目名称：　　　　　　　　　合同段：

编制范围：　　　　　　　　　　　第　　页　共　　页　　　　　　　建安结 1-5 表

序号	项目或费用项目	单位	合同			变更			结算			依据
			数量	单价（元）	合价（元）	数量	单价（元）	合价（元）	数量	单价（元）	合价（元）	
合计												

填表说明：

1. 本表用于其他费用的结算，如奖金、罚金等其他费用。
2. 其他费用的支付应严格按合同约定或有关规定执行，表中数据应来源于具体的批复资料。

编制：　　　　　　　　　　　　　　　　　　　　复核：

计日工明细表

建设项目名称：　　　　　　　　合同段：

编制范围：　　　　　　　　第　页 共　页　　　　　　建安结 1-2-1 表

编号	子目名称	工程项目内容	计日时间	单位	单价(元)	数量	合价(元)	批准文号	备注
合计									

编制：　　　　　　　　　　　　复核：

材料价差调整明细表

建设项目名称：　　　　　　　　合同段：

编制范围：　　　　　　　　第　　页　共　　页　　　　建安结 1-3-1 表

序号	代号	调价项目名称	调价依据	调整时间	单位	数量（Q）	基准单价（P_0）		调整				价差调整费用（ΔP）（元）	备注
							基准时间	单价（元）	信息价（P_i）或采购价（P_a）（元）	价差（ΔC）	风险幅度（$r\%$）	调整单价差		
1	2	3	4	5	6	7	8	9	10	11 = 10 − 9	12	13 = 10 − [9 × (1 + 12)]	14 = 7 × 13	15
价差调整费用合计														

编制：　　　　　　　　复核：

工程分项工程量清单对比表

建设项目名称：　　　　　　　　合同段：

编制范围：　　　　　　　　第　　页　共　　页　　　　　　　　建安结2表

要素费用项目编码	清单子目编码	工程或费用名称（或清单子目名称）	单位	合同			变更			结算			备注
				数量	单价（元）	合价（元）	数量	单价（元）	合价（元）	数量	单价（元）	合价（元）	
1	2	3	4	5	6	7 = 5 × 6	8	9	10 = 8 × 9	11	12	13 = 7 + 10	

填表说明：

1. 本表应按单一合同段逐一编制。
2. “要素费用项目编码”和对应“工程或费用名称”按全过程造价标准化编码填写。
3. “清单子目编码”和对应“工程或费用名称”按合同清单编制规则填写。
4. 本表费用计算以工程量清单的数量为基础，为工程量清单数量乘单价得出子项合价，各上级层次的工程合价为子项工程量清单费用汇总合计，合价除以各数量为单价。

编制：　　　　　　　　　　　　　　复核：

附录7　竣工决算文件标准化表式

建设单位：　　　　　　　　　　建设项目名称：

主管部门：　　　　　　　　　　建设项目类别：

级　　别：　　　　　　　　　　建 设 性 质：

公 路 工 程 建 设 项 目 竣 工 决 算 报 告

建设单位盖章：　　　　　　　　建设单位法定代表人：

编制日期：　　　　年　　月　　日

说明：1.“主管部门”指建设单位的主管部门。
2.“建设项目名称”填写批准的项目初步设计文件中注明的项目名称。
3.“建设项目类别”是指“大中型”或“小型”。
4.“建设性质”是指建设项目属于新建、改建、扩建划分。
5.“级别”是指中央级或地方级的建设项目。

（封面）

××公路工程建设项目竣工决算

第______册　共______册

编　　制：______________________（签字并盖章）

复　　核：______________________（签字并盖章）

编制单位：______________________（盖章）

编制时间：××年××月××日

（扉页）

目　　录

工程概况表

第　　页 共　　页　　　　竣1表

建设项目名称						
建设项目地址或地理位置						
建设起止时间	计划	从　年　月　日开工至　年　月　日交工				
	实际	从　年　月　日开工至　年　月　日交工				
立项批复（核准）情况	部门		日期		文号	
初步（修编）设计批复	部门		日期		文号	
施工许可批复情况	部门		日期		文号	
交工验收情况	部门		日期		文号	
	工程质量评分					
建设单位						
质量监督机构						
主要设计单位						
主要监理单位						
主要施工单位						

工程建设规模	
主线公路里程（km）	
支线、联络线等里程（km）	
主要技术标准	
公路等级	
公路设计速度（km/h）	
设计荷载	
路基宽度（m）	
隧道净宽（m）	
地震动峰值系数	
土地使用及拆迁	
批复用地（亩）	
永久占用土地（亩）	
实际拆迁房屋（m^2）	

主要工程数量			
工程名称	单位	设计	竣工
路基土石方	m^3		
特殊路基处理	km		
路基排水圬工	m^3		
路基防护圬工	m^3		
路面工程	m^2		
大、特大桥	m/座		
中、小桥	m/座		
涵洞	m/道		
隧道	m/座		
平面交叉	处		
通道、天桥	座		
分离式立交	处		
互通式立交	km/处		
支线、联络线等长度	km		
管理及养护房屋	m^2/处		

费用情况（万元）				
工程或费用项目名称		批准设计概算	竣工决算	增减金额
公路总造价				

工料机消耗							
主要人工消耗（工日）	设计			主要机械消耗（台班）		设计	
	实际					实际	
主要材料消耗	钢材（t）	设计		水泥（t）		设计	
		实际				实际	
	沥青（t）	设计		碎石、砂（m^3）		设计	
		实际				实际	
	汽、柴油（t）	设计		电（kW·h）		设计	
		实际				实际	

主要尾工工程	工程内容或名称	预计投资（万元）	主要工程数量	预计完成时间

总决算造价指标（万元/km）	
建安费造价指标（万元/km）	

编制：　　　　复核：　　　　建设单位负责人：　　　　日期：

说明：1.“主要工程数量”和“工料机消耗”中的“设计”是指批复的设计工程量，若只有一阶段设计为批复的施工图设计数量，若是有两（或三）阶段设计为批复的初步设计数量（修正设计数量）。

2.“工料机消耗”中“实际”是指批复的施工图设计（含设计变更）的工料机消耗。

3.“费用情况（万元）”中如建设项目为一阶段设计，“批准设计概算”列应填入批准施工图预算；如建设项目有技术设计阶段，“批准设计概算”栏应填入批准修正概算。

4.“主要技术标准”栏，当主线和支线、联络线采用不同时，可以××/××分别统计。

财务决算表

建设项目名称：　　　　第　　页　共　　页　　　　竣2表

资金来源		金额(元)	资金占用		金额(元)	补充资料
一	基建拨款		一	基本建设支出		
	1. 中央财政资金			(一)交付使用资产		
	其中:一般公共预算资金			1. 公路公共基础设施		
	中央基建投资			2. 固定资产		
	财政专项资金			3. 流动资产		
	政府性基金			4. 无形资产		
	国有资本经营预算安排的基建项目资金			(二)在建工程		
	政府统借统还非负债性资金			1. 建筑安装工程投资		
	2. 地方财政资金			2. 设备投资		
	其中:一般公共预算资金			3. 待摊投资		
	地方基建投资			4. 其他投资		基建借款期末余额 基建结余资金
	财政专项资金			5. 待核销基建支出		
	政府性基金			(三)转出投资		
	国有资本经营预算安排的基建项目资金			货币资金合计		
	政府统借统还非负债性资金			其中:银行存款		
二	部门自筹资金(非负债性资金)		二	财政应返还额度		
三	项目资本			其中:直接支付		
	1. 国家资本			授权支付		
	2. 法人资本			现金		
	3. 个人资本			有价证券		
	4. 外商资本		三	预付及应收款合计		
四	项目资本公积			1. 预付备料款		

财务决算表

建设项目名称：　　　　　　　　　　　　　　　　第　　页 共　　页　　　　　　竣2表

资金来源		金额(元)	资金占用		金额(元)	补充资料
五	基建借款			2. 预付工程款		基建借款期末余额 基建结余资金
	其中：企业债券资金			3. 预付设备款		
六	应付款合计			4. 应收票据		
	1. 应付工程款			5. 其他应收款		
	2. 应付设备款		四	固定资产合计		
	3. 应付票据			固定资产原价		
	4. 应付工资及福利费			减：累计折旧		
	5. 其他应付款			固定资产净值		
七	未交款合计			固定资产清理		
	1. 未交税金			待处理固定资产损失		
	2. 未交结余财政资金			说明：资金来源合计扣除财政资金拨款与国家资本、资本公积重叠部分。		
	3. 未交基建收入					
	4. 其他未交款					
	合计			合计		

编制：　　　　　　复核：　　　　　　建设单位负责人：　　　　　　日期：

资金来源情况表

建设项目名称：　　　　单位：元　　　　第　　页　共　　页　　　　竣 2-1 表

序号	资金来源	年度		年度		年度		合计		补充资料
		计划数	实际数	计划数	实际数	计划数	实际数	计划数	实际数	
一	财政资金拨款									
	1. 中央财政资金									
	其中：一般公共预算资金									
	中央基建投资									
	财政专项资金									
	政府性基金									
	国有资本经营预算安排的基建项目资金									
	政府统借统还非负债性资金									
	2. 地方财政资金									
	其中：一般公共预算资金									
	地方基建投资									项目缺口资金落实情况
	财政专项资金									
	政府性基金									
	国有资本经营预算安排的基建项目资金									
	行政事业性收费									
	政府统借统还非负债性资金									
二	项目资本金									
	其中：国家资本									
三	银行贷款									
四	企业债券资金									
五	自筹资金									
六	其他资金									
	合计									

填表说明：
1. 计划数指预算下达或概算批准金额，实际数指实际到位金额。
2. 需备注预算下达的文号。

编制：　　　　复核：　　　　建设单位负责人：　　　　日期：

交付使用资产总表

建设项目名称：　　　　单位：元　　　　第　　页　共　　页　　　　竣 2-2 表

序号	单项工程名称	总计	公路公共基础设施	固定资产				流动资产	无形资产
				合计	建筑物及构筑物	设备	其他		
	合计								

填表说明：
本表数据来源于竣 2-2-1 表。

编制：　　　　复核：　　　　建设单位负责人：　　　　日期：

交付使用资产明细表

建设项目名称：　　　　单位：元　　　　竣 2-2-1 表

序号	单项工程名称	公路公共基础设施			固定资产										流动资产		无形资产	
					建筑工程				设备、工具、器具、家具									
		数量	金额	其中：分摊待摊投资	结构	面积	金额	其中：分摊待摊投资	名称	规格型号	数量	金额	其中：设备安装费	其中：分摊待摊投资	名称	金额	名称	金额

编制：　　　　　　　　　　复核：

交付单位：　　　　负责人：　　　　接收单位：　　　　负责人：

盖章：　　　　年　　月　　日　　　　盖章：　　　　年　　月　　日

待摊投资明细表

建设项目名称：　　　　单位：元　　　　第　　页 共　　页　　　　竣 2-3 表

项目	金额	项目	金额
1. 勘察费		25. 社会中介机构审计(查)费	
2. 设计费		26. 工程检测费	
3. 研究试验费		27. 设备检验费	
4. 环境影响评价费		28. 负荷联合试车费	
5. 监理费		29. 固定资产损失	
6. 土地征用及迁移补偿费		30. 器材处理亏损	
7. 土地复垦及补偿费		31. 设备盘亏及毁损	
8. 土地使用税		32. 报废工程损失	
9. 耕地占用税		33. (贷款)项目评估费	
10. 车船税		34. 国外借款手续费及承诺费	
11. 印花税		35. 汇兑损益	
12. 临时设施费		36. 坏账损失	
13. 文物保护费		37. 借款利息	
14. 森林植被恢复费		38. 减:存款利息收入	
15. 安全生产费		39. 减:财政贴息资金	
16. 安全鉴定费		40. 企业债券发行费用	
17. 网络租赁费		41. 经济合同仲裁费	
18. 系统运行维护监理费		42. 诉讼费	
19. 项目建设管理费		43. 律师代理费	
20. 代建管理费		44. 航道维护费	
21. 工程保险费		45. 航标设施费	
22. 招投标费		46. 航测费	
23. 合同公证费		47. 其他待摊投资性质支出	
24. 可行性研究费		合计	

编制：　　　　　　　　复核：

待核销基建支出明细表

建设项目名称：　　　　单位：元　　　　第　　页　共　　页　　　　竣 2-4 表

不能形成资产部分的财政投资支出				用于家庭或个人的财政补助支出			
支出类别	单位	数量	金额	支出类别	单位	数量	金额
1. 江河清障				1. 补助群众造林			
2. 航道清淤				2. 户用沼气工程			
3. 飞播造林				3. 户用饮水工程			
4. 退耕还林(草)				4. 农村危房改造工程			
5. 封山(沙)育林(草)				5. 垦区及林区棚户区改造			
6. 水土保持				……			
7. 城市绿化							
8. 毁损道路修复							
9. 护坡及清理							
10. 取消项目可行性研究费							
11. 项目报废							
……				合计			

编制：　　　　　　　　　　　　复核：

转出投资明细表

建设项目名称：　　　　单位：元　　　　第　　页　共　　页　　　　竣2-5表

序号	单项工程名称	公路公共基础设施			建筑工程				设备、工具、器具、家具							流动资产		无形资产	
		数量	金额	其中：分摊待摊投资	结构	面积	金额	其中：分摊待摊投资	名称	规格型号	单位	数量	金额	设备安装费	其中：分摊待摊投资	名称	金额	名称	金额
1																			
2																			
3																			
4																			
5																			
6																			
7																			
8																			
	合计																		

编制：　　　　　　　　　　复核：

交付单位：　　　　负责人：　　　　接收单位：　　　　负责人：

盖章：　　　　年　　月　　日　　　　盖章：　　　　年　　月　　日

建设项目工程竣工决算汇总表（合同格式）

建设项目名称：　　　　　　　　单位：元　　　　　　　　第　　页　共　　页　　　　　　　　竣3表

<table>
<tr><th>序号</th><th>标段或合同编号</th><th>工程（或合同）名称</th><th>里程（km）</th><th>施工（或合同签订）单位</th><th>合同价</th><th>变更（增）减金额</th><th>决算金额</th><th>备注</th></tr>
<tr><td>1</td><td>2</td><td>3</td><td>4</td><td>5</td><td>6</td><td>7</td><td>8＝6＋7</td><td>9</td></tr>
<tr><td colspan="3">第一部分　建筑安装工程费</td><td></td><td colspan="5" rowspan="8">填表说明：
1. 第一部分建筑安装工程应按标段或合同名称分类列入全部费用项目；第二、三部分等栏目按总额费用列入，具体费用额主要来源于对应的附表。
2. 表中公路总造价应与竣4表公路总造价闭合。
3. “变更（增）减金额”是指因变更引起合同价格变化的费用，其中变更是指设计变更和其他变更两类，《公路工程设计变更管理办法》（交通部令2005年第5号）对设计变更已有明确规定，其他变更指除设计变更外因合同约定发生变化等因素导致合同价格调整的变更，一般包含索赔、补偿、价差调整等引起的费用变化。
4. 本表为汇总表，应完整反映已签订合同的建筑安装工程的合同名称及签订单位等主要信息，设计土地使用及拆迁补偿费、工程建设其他费等合同信息主要体现合同名称和价格信息即可。采用工程量清单计价方式的，可由竣3-1-i表汇总而来。</td></tr>
<tr><td>1</td><td></td><td></td><td></td></tr>
<tr><td>2</td><td></td><td></td><td></td></tr>
<tr><td>3</td><td></td><td></td><td></td></tr>
<tr><td>4</td><td></td><td></td><td></td></tr>
<tr><td>5</td><td></td><td></td><td></td></tr>
<tr><td></td><td></td><td></td><td></td></tr>
<tr><td></td><td></td><td>……</td><td></td></tr>
<tr><td colspan="5">第二部分　土地使用及拆迁补偿费</td><td></td><td></td><td></td><td></td></tr>
<tr><td colspan="5">……</td><td></td><td></td><td></td><td></td></tr>
<tr><td colspan="5">第三部分　工程建设其他费</td><td></td><td></td><td></td><td></td></tr>
<tr><td>1</td><td colspan="4">建设项目管理费</td><td></td><td></td><td></td><td></td></tr>
<tr><td>2</td><td colspan="4">研究试验费</td><td></td><td></td><td></td><td></td></tr>
<tr><td></td><td colspan="4">……</td><td></td><td></td><td></td><td></td></tr>
<tr><td></td><td colspan="4"></td><td></td><td></td><td></td><td></td></tr>
<tr><td></td><td colspan="4"></td><td></td><td></td><td></td><td></td></tr>
<tr><td></td><td colspan="4"></td><td></td><td></td><td></td><td></td></tr>
<tr><td></td><td colspan="4"></td><td></td><td></td><td></td><td></td></tr>
</table>

建设项目工程竣工决算汇总表(合同格式)

建设项目名称：　　　　　　　单位:元　　　　　　第　　页　共　　页　　　　　竣3表

序号	标段或合同编号	工程(或合同)名称	里程(km)	施工(或合同签订)单位	合同价	变更(增)减金额	决算金额	备注
第四部分　预留费								
1	尾工工程							
	……							
第一至第四部分合计								
第五部分　建设期贷款利息								
代扣代付项目增减建设成本								
公路总造价								

编制：　　　　　　复核：　　　　　　建设单位负责人：　　　　　　日期：

工程结算费用表（合同清单格式）

建设项目名称：　　合同段：　　编制范围：　　单位：元　　第　页　共　页　　竣 3-1-*i* 表

清单子目编码	清单子目名称	单位	合同			变更			结算				备注
			工程量	单价	合价	工程量	单价	合价	工程量	单价	合价	各项费用比例（%）	
1	2	3	4	5	6	7	8	9	10 = 4 + 7	11 = 12 ÷ 10	12 = 6 + 9	13	14

填表说明：

1. 本表主要用于公路建设项目单个标段或合同的结算。
2. 表中结算总费用应与竣 4-1-*i* 表、竣 3 表中对应费用闭合。

编制：　　复核：　　日期：

建设项目工程竣工决算汇总表(概算预算格式)

建设项目名称：　　　　单位:元　　　　第　　页　共　　页　　　　竣 4 表

工程或费用编码	工程或费用名称	单位	合同			变更			决算				备注
			数量	单价	合价	数量	单价	合价	数量	单价	合价	各项费用比例(%)	
1	2	3	4	5	6	7	8	9	10 = 4 + 7	11	12 = 6 + 9	13	14
	公路总造价												

填表说明：

1. 表中公路总造价应与竣 3 表公路总造价闭合。
2. “工程或费用编码”及“工程或费用名称”栏应按《浙江省公路工程全过程造价编码标准化指南》填写；三级及以下等级公路的“工程或费用编码”及“工程或费用名称”可按初步设计概算(一阶段施工图预算)的深度填写。
3. 本表“单价”列由“合价”/“数量”形成。
4. 该表为汇总表，数据由竣 4-i(i = 1 ~ 7)表汇总形成。

编制：　　　　复核：　　　　建设单位负责人：　　　　日期：

工程结算费用表(分项清单格式)

建设项目名称：　　　　合同段：　　　　编制范围：　　　　单位:元　　　　第　页　共　页　　　　竣 4-1-*i* 表

要素费用项目编码	清单子目编码	工程或费用名称（或清单子目名称）	单位	合同			变更			结算				备注
				数量	单价	合价	数量	单价	合价	数量	单价	合价	各项费用比例（%）	
1	2	3	4	5	6	7	8	9	10	11 =5 +8	12	13 =7 +10	14	15

填表说明：

1. 本表主要用于公路建设项目单个标段或合同的结算。
2. 表中结算总费用应与竣 3-1-*i* 表、竣 4 表中对应费用闭合。
3. “要素费用项目编码”及“工程或费用名称”栏应按附录填写。
4. “要素费用项目编码”和“清单子目编码”由“合价”/“数量”形成。

编制：　　　　　　　　复核：

土地使用及拆迁补偿费结算汇总表

建设项目名称：　　　　　　　　编制范围：　　　单位：元　　　第　　页　共　　页　　　竣 4-2 表

要素费用项目编码	清单子目编码	工程或费用名称（或清单子目名称）	单位	合同			变更			结算			各项费用比例（%）	备注
				数量	单价	合价	数量	单价	合价	数量	单价	合价		
合计														

填表说明：

1. 本表主要用于永久征拆费用的结算。
2. 结算合计数据应与竣 3 表、竣 4 表的数据闭合。

编制：　　　　　　　　　　　　　　　　复核：

土地使用及拆迁补偿费结算表

建设项目名称：　　　　编制范围：　　　　合同签订单位：　　　　单位：元　　　　竣 4-2-*i* 表

要素费用项目编码	清单子目编码	工程或费用名称（或清单子目名称）	单位	合同			变更			结算			备注
				数量	单价	合价	数量	单价	合价	数量	单价	合价	
合计													

填表说明：

1. 本表主要用于永久征拆费用的结算。
2. 结算合计数据应与竣 3 表、竣 4 表的数据闭合。

编制：　　　　复核：

建设单位(业主)管理费汇总表

建设项目名称：　　　　　　　　　　　　　　　　　　　　竣4-3表

序号	费用名称	单位	建设单位(业主)管理费发生年份					合计	各项费用比例(%)	备注
			年度	年度	年度	年度	……			
			1	2	3	4	5	6 = 1 + 2 + …	7	8
1	工作人员工资性支出	元								
2	办公费	元								
3	会议费	元								
4	差旅交通费	元								
5	固定资产使用费	元								
6	零星固定资产购置费	元								
7	招募生产工人费	元								
8	技术图书资料费	元								
9	职工教育培训经费	元								
10	招标管理费	元								
11	合同契约公证费	元								
12	咨询费	元								
13	法律顾问费	元								
14	建设单位的临时设施费	元								
15	完工清理费	元								
16	竣(交)工验收费	元								
17	各种税费(房产税、车船使用税、印花税等)	元								
18	建设项目审计费	元								
19	境内外融资费用(不含建设期贷款利息)	元								
20	业务招待费	元								
21	工程质量、安全生产管理费	元								
22	其他管理性开支	元								
23	年度平均工作人员数量	人								
合计										

填表说明：

1. 本表费用名目应按现行《公路工程建设项目概算预算编制办法》(JTG 3830)的规定分类填制，不得随意更改。
2. 工作人员工资性支出包含工资、工资性津贴、施工现场津贴、社会保障费用、住房公积金、职工福利费、工会经费、劳动保护费。
3. 各项费用支出应有相应结算书或财务凭证，各年度费用应与财务年度报表中相应费用一致。
4. 结算合计数据应与竣4表的数据闭合。

编制：　　　　　　　　　　　　　　　　　　　　复核：

其他合同(费用)结算汇总表

建设项目名称： 单位:元 竣 4-4 表

序号	费用类别	合同价	变更(增)减金额	其他费用金额	结算金额	备注
1	2	3	4	5	6 = 3 + 4 + 5	7
一	第一部分 建筑安装工程费					
	……					
二	第三部分 工程建设其他费					
1	建设项目信息化费					
2	工程监理费					
3	设计文件审查费					
4	竣(交)工验收试验检测费					
5	研究试验费					
6	建设项目前期工作费					
7	专项评价(估)费					
	……					
合计						

填表说明：

1. 本表填列应按费用类别分类列入全部对应费用项目。
2. 结算合计数据应与竣 3 表的数据闭合。
3. 本表数据来源于竣 4-4-i 表。
4. 本表中“费用类别”按“竣 4-4-i 表”表头“××类”费用分列。

编制： 复核：

××类合同(费用)结算表

建设项目名称：　　　　单位：元　　　　竣4-4-i表

序号	合同编号	费用或合同名称	合同签订单位	合同价	变更(增)减金额	其他费用金额	结算金额	备注
1	2	3	4	5	6	7	8 = 5 + 6 + 7	9
一		……						
二		……						
		……						
合计								

填表说明：

1. 此表适用于一类费用有多份合同的情况。
2. 结算合计数据应与竣3表的数据闭合。
3. "××类合同(费用)结算表"应根据《浙江省公路工程全过程造价编码标准化指南》的费用项分别编制，用于工程建设其他费用项的填列，包括建设项目信息化费、工程监理费、设计文件审查费、竣(交)工验收试验检测费、研究试验费、建设项目前期工作费、专项评价(估)费、联合试运转费、生产准备费、工程保通管理费、工程保险费、其他相关费用等。

编制：　　　　复核：　　　　日期：

预留费用登记表(含尾工工程)

建设项目名称： 单位：元 竣4-5表

序号	合同编号	工程项目名称	实施单位	合同金额	变更(增)减金额	结算金额	备注
1	2	3	4	5	6	7 = 5 + 6	8
			填表说明： 1. 按实际需要分别列入本表。 2. 合计数据应与竣3表、竣4表的数据闭合。				
合计							

编制： 复核： 日期：

建设期贷款利息汇总表

建设项目名称：　　　　　　　　单位：元　　　　　　　　竣 4-6 表

序号	放贷单位	贷款总周期		贷款金额	偿还金额	累计本金	应付利息	备注
		起	止					
1	2	3	4	5	6	7	8	9
1								
2								
3								
	……							
合计								

填表说明：

1. 存款利息总收入应冲减建设成本，以负数填列入本表。
2. 同一放贷单位可合并填报。
3. 结算合计数据应与竣 4 表的数据闭合。

编制：　　　　　　　　复核：　　　　　　　　日期：

代扣代付项目增减建设成本汇总表

建设项目名称：　　　　　　　　　　单位：元　　　　　　　　　　竣 4-7 表

序号	项目名称	合同（或结算）编号	代扣单位名称	代扣金额	代付合同（或结算）编号	代付单位名称	代付金额	差额	备注
1	2	3	4	5	6	7	8	9 = 8 − 5	10
合计									

填表说明：

1. 本表针对工程结算过程中，存在部分由建设管理单位代为扣款（如税金、工程保险费等）的费用项目计入了工程结算费用。
2. 编制工程决算时，应将这类代扣款和其实际支出相互抵充，差额列入工程决算中。
3. 结算合计数据应与竣 4 表的数据闭合。
4. “代扣金额”“代付金额”均按绝对值填写。

编制：　　　　　　　　　　复核：　　　　　　　　　　日期：

全过程造价对比表

建设项目名称：　　　　　　　　　　第　　页　共　　页　　　　　　竣5表

要素费用项目编码	工程或费用名称	单位	投资估算		设计概算		施工图预算		工程结算			竣工决算			增减幅度(%)		备注
			数量	合价	数量	合价	数量	合价	数量	单价	合价	数量	单价	合价	数量	费用	
1	2	3	4	5	6	7	8	9	10	11	12	13	14	15	①16 = [(13 − 6)/6] × 100% ②16 = [(13 − 8)/8] × 100%	①17 = [(15 − 7/7] × 100% ②17 = [(15 − 9)/9] × 100%	18

填表说明：

1. 本表内容应能实现从项目决策至竣工各阶段费用项目对比，并与实施阶段的造价台账汇总表的内容相对应。
2. 其中“增减幅度(%)”指决算对比初步设计概算的增减，当批复费用为一阶段施工图设计时，第16、17列采用公式②。
3. 本表中单价项单位为“元”，合价项根据项目大小以“元”或“万元”为单位，所有阶段合价单位应统一。

编制：　　　　　　　　　　复核：　　　　　　　　　　建设单位负责人：

土地使用及拆迁补偿费工程造价与概算执行情况对比表

建设项目名称：　　　　　　　　　　　　　　　　　　　　　　竣 5-1 表

要素费用项目编码	清单子目编码	项目名称	单位	初步设计			施工图设计			合同			变更			决算			备注
				数量	单价（元）	合价（元）	数量	单价（元）	合价（元）	数量	单价（元）	合价（元）	数量	单价（元）	合价（元）	数量	单价（元）	合价（元）	
2		土地使用及拆迁补偿费	公路公里																
201		土地使用费	亩																
20101		永久征用土地	亩																
		……	亩																
202		拆迁补偿费	公路公里																
20201		房屋及附属设施拆迁	m^2																
		……																	
	土地使用及拆迁补偿费用合计																		

填表说明：

项目管理单位可以本表为基础，在预算项目节中增加桩号及部位划分的细项和明细表，达到精细化管理目标。

编制：　　　　　　　　　　复核：　　　　　　　　　　建设单位负责人：

××工程造价执行情况报告

一、项目批复情况

××年××月××日，浙江省发展和改革委员会核准××高速公路项目申请报告。项目主线长约××km，起点位于××高速公路××枢纽互通，于××镇××村附近接新建段，终点于××镇。项目投资估算约××亿元。

××年××月××日，××批复××高速公路初步设计，批复该项目线路长约××km，起于××互通，终于××村，路线长约××km，采用双向六车道高速公路标准，设计速度120km/h，路基宽度34.5m。设特大桥××m/××座、大桥××m/××座（含分离式立交主线上跨桥），设隧道××m/××座（按双洞平均长计），设互通立交××处。××高速公路核定设计概算××亿元。

二、结算审核及审计情况

××年××月××日，××完成项目内部审计并形成审计报告，核定该项目竣工决算费用为××万元，其中，建筑安装工程费××万元、土地使用及拆迁补偿费××万元、工程建设其他费用××万元、预备费××万元、建设期贷款利息××万元。每公里决算造价为××万元；项目竣工决算费用对比编制决算金额核减××万元。核减主要为工程量计算错误，未按计量规则计算，实际施工与结算不符，单价不合理，未按合同条款执行，部分现场未实施，多列征拆费、保险费等原因。

××高速公路经审计后的竣工决算总造价为××亿元，对比调整后的初步设计概算××亿元，节余××亿元，节余比例约××%。

三、造价节余情况分析

（一）影响本项目投资变化的主要原因

1.初步设计概算到施工图预算方面的主要变化

（1）桥梁、隧道工程方面：桥隧比从初步设计的××%降低到××%。桥梁工程对比概算减少造价约××亿元，隧道工程对比概算共计减少造价××亿元。主要原因有施工图设计阶段优化，桥梁减少……。

（2）路基工程方面：概算投资××亿元，平均指标××万元/km，施工图设计阶段为××亿元，平均指标××万元/km，对比概算增加××亿元。其中主要原因为：①桥隧比降低，路基长度增加，路基土石方方量增加，对比概算增加约××亿元；②……。

（3）……

本项目批复概算建筑安装工程费××亿元，施工图设计阶段建筑安装工程费××亿元，对比批复概算减少约××亿元。

2.施工图预算到竣工决算方面的主要变化

从施工图预算阶段到竣工决算阶段的建安费变化主要是招投标节余（结余情况）、设计变更（变更情况）、材料调差（调差情况）、审计核减（审核情况）等方面的因素影响。主要工程项目的造价变化情况如下：

(1)桥梁、隧道工程方面:桥隧比从初步设计的××%调整为××%。隧道工程施工过程中围岩级别变化,实际投资共计减少造价××亿元等。

(2)路基工程方面:路基工程施工图设计阶段为××亿元,平均指标××万元/km,实际投资为××亿元,平均指标××万元/km,对比施工图设计减少××亿元。其中主要原因为:……。

(3)……

本项目施工图设计预算建筑安装工程费××亿元,实际投资建筑安装工程费××亿元,对比批复概算减少约××亿元。

3. 土地使用及拆迁补偿费

实际完成投资××亿元,对比批复概算投资××亿元,增加投资××亿元,主要是实际拆迁××亩,平均单价为××万元/亩,批复用地××亩,单价为××万元/亩。

4. 建设期贷款利息

本项目批复概算按××亿元计算贷款利息为××亿元,实际由于建筑安装工程费减少约××亿元,实际贷款金额为××亿元,结合贷款利率下调的因素,本项目实际贷款利息为××亿元,较批复概算减少约××亿元。

5. 预备费

本项目批复概算按××亿元,批复施工图设计为××亿元,实际投资完成××亿元,实际较批复概算减少××亿元。

(二)具体各分项实际完成投资与批复概算对比

第一部分　建筑安装工程费

本项目实际完成工程竣工决算的建筑安装工程费为××万元,对比批复概算中建筑安装工程费××万元,减少投资为××万元。具体对比如下:

可按临时工程、路基工程、路面工程、桥涵工程、交叉工程、隧道工程、公路设施及预埋管线、绿化及环境保护工程、管理、养护及服务房屋、建安工程其他费用,对分部工程进行详细执行情况说明。

第二部分　土地使用及拆迁补偿费

土地使用及拆迁补偿费:概算投资××万元,实际完成投资××万元,减少投资××万元。其中:……。

第三部分　工程建设其他费

本项目实际完成工程竣工决算的工程建设其他费用为××万元,批复概算中工程建设其他费用××万元,增加投资××万元。其中:……。

第四部分　预备费

第五部分　建设期贷款利息

第六部分　其他费用项目

其他费用执行情况。

四、造价控制管理措施

(一)在招投标工作中控制造价

本项目严格贯彻执行……,全面落实工程……。

(二)在征地拆迁和施工图设计阶段控制造价

本项目总体概算投资××亿元,其中征地拆迁费用为××亿元,实际发生征地拆迁费用合计××

亿元。本项目虽然受××影响，但在实际工作过程中，也采取很多有效的措施，克服外围不利因素的影响，尽量降低征地拆迁费用。例如：……。

(三)严格控制工程变更

1. 制定《××高速公路工程变更管理办法》，……。
2. 运用计算机管理模式进行项目变更管理工作，……。
3. 严格按交通运输部及上级相关主管部门的规定，……。
4. 根据工程的实际需要进行优化设计，……。

(四)规范工程计量支付

1. 建立计量支付制度，使计量支付做到有章可循，……。
2. 运用计算机进行计量支付管理工作，……。
3. 建立严密的计量支付审批程序，……。
4. 严格按合同约定开展计量支付工作，……。
5. 过程中贯彻阳光便捷计量要求，……。

(五)严格合同管理

1. 依法制定合同，严格按合同办事，……。
2. 制定严密的合同审批程序，……。
3. 实施双合同制，……。

(六)做好统一供应材料管理

……

附件：××工程各阶段造价费用对比表(表格样式参考“竣5表”)

浙江省××高速公路公司

××年××月××日